CORSO

Mit einem Nachwort von *Peter Kammerer* und einer Würdigung von *Wolfram Schütte*
Aus dem Italienischen von *Christine Gräbe* und *Annette Kopetzki*

PIER
PAOLO
PASOLINI

DIE LANGE STRASSE AUS SAND

Italien
zwischen
Armut
und
Dolce
Vita

CORSO

Aquilia
Lignano
Trieste
Muggia
Jesola
Grado
Caorle
Lazzaretto
Venedig
Chioggia
Mesola
Volano
Ravenna
Porto Corsini
Genua
Rapallo
Camogli
Santa Margherita
Paraggi
Chiavari
Portofino
Alessio
La Spezia
San Terenzo
Lierci
Cinquale
Ventimiglia
San Remo
Forte dei Marmi
Viareggio
Rimini
Riccione
Cattolica
Senigallia
Falconora
Ancona
Marina di Pisa
Tirennia
Livorno
Calafuria
Quercianella
Cecina
San Benedetto
Pescara
Francavilla
Porto Santo Stefano
Isole Tremiti
Santa Marinella
Fregene
Ostia
Sperlonga
Sabaudia
Bari
Casamicciola
Lacco Ameno
Forio
Panza
Sant'Angelo
Neapel
Castellamare
Ischia
Salerno
Sorrent
Minori
Amalfi
Capri
Paestum
Agropoli
Ostuni
Brindisi
Tarent
Otranto
Sapri
Maratea
Gallipoli
Santa Maria di Leuca
Cutro
Crotone
Soverato
Mileto
Villa San Giovanni
Palmi
Messina
Reggio
Acireale
Catania
Lentini
Augusta
Priolo Gargallo
Syrakus
Noto
Aranella
Pachino
Avola
Portopalo di Capo Passero

DOUANE
DOGANA
HALTE
GENDARMERIE

I VON DER GRENZE BIS OSTIA

JUNI

Über Frankreich und Italien geht die Sonne unter. Eine Anhäufung von Felsen und Büschen, eine kompakte Masse Land mit Zacken, Senken und Furchen. Unter mir liegt das Landhaus von Coty, ein kleines gelbes Gebäude in einem wild wuchernden Garten. Im rosa Dunst, der in Säulen von oben herabzieht, verschwimmt der Küstenstreifen immer mehr.

Die Vorstellung, den Anblick klar, eindeutig und begreifbar wiederzugeben, beunruhigt mich, noch fehlt mir jeder Anhaltspunkt. Ich habe Glück, am Grenzgebäude, das im Halbrund zwischen die Felsen gezwängt ist, wird alles ganz einfach, dank eines Maresciallo der Polizei aus Modena und seines Gefreiten aus Parma. Der Maresciallo ist etwa vierzig Jahre alt, fast schon kahl an den Schläfen: ein Mann, dessen Demut gegenüber den Dingen der Welt, der er dient, sich in wissende Gelassenheit, in Sanftmut fast verwandelt hat. Mit der Gewandtheit eines umsichtigen, etwas verbitterten Gastgebers, der sich gleichwohl darüber amüsiert, wie einfach das Leben ist, das mir so neu und unzugänglich scheint, zeigt er mir den Weg. Und natürlich, alles ist ganz einfach. An der Rückseite des Gebäudes steigt man eine endlose Treppe hinab in einen Hof, der über dem Nichts, über dem grauen Meer schwebt, man geht zwischen Sträuchern und Blumen immer weiter nach unten und gelangt auf einen steinigen Strand. Dort ragen mächtige Säulenreihen auf, einer Semiramis würdig, sie gehören zu einer großen, wegen der nachfolgenden Kriege nie fertiggestellten Hotelanlage im Jugendstil, dahinter eine schäbige Kapelle aus Stein, zwei kleine Unterstände für die Wachen und gleich dahinter die Mündung eines völlig ausgetrockneten kleinen Bachs.

Es ist der Rio San Luigi, und mitten zwischen den grauen Steinen in seinem Flussbett verläuft die Grenze. Über die Flussmündung führt eine kleine Brücke, mitten über die Brücke, quer zum Meer, eine Art Mäuerchen aus Zement, hohl und mit Erde angefüllt, in der eine Reihe erschöpfter Geranien rot schimmert. Oben rechts das Landhaus der

Vorsatz: Blick auf die Piazza Ventimiglia in Montepre
S. 1: Domplatz, Acireale, Sizilien
S. 2: Junge Menschen tanzen am Strand, Cesenatio.
links: Französisch-italienische Grenze bei Ventimiglia

Voronoffs, vorn das Gebirge, der Passo della Morte und der Salto della Morte, und links, am Wasser, die erste Badende, eine holländische Maid, schön wie eine junge Zypresse.

SAN REMO

JUNI

Ich betrete das Kasino. Wie Charlie Chaplin als Tramp versuche ich mich unter den imposanten Blicken der Portiers klein zu machen.
Mit klopfendem Herzen spähe ich in die sagenumwobenen Säle. Nachdem ich einen »strikt personengebundenen« Ausweis erworben habe, der belegt, dass ich Kunde des Kasinos bin, stehen mir zwei Jetons zu, mein Freund verwahrt sie. Ich muss also spielen. Nun gut. Gelassen setzt sich der Freund an den ersten Tisch, zwischen einen erschöpft wirkenden Herrn mit Glatze und einige deutsche Damen in schwarz gepunkteten Kleidern. Er fragt mich, auf welche Zahlen ich setzen möchte, ich stehe hinter ihm und zögere nicht einen Moment: 17 und 31. Tatsächlich dauert es keine zwei Sekunden: Ich verliere. Getan, getürmt. Ich bin der Typ, der sich wegen Spielschulden umbringt, da suche ich lieber gleich das Weite. Ich streife durch die Säle.
An Doppeltischen sitzen schweigende Menschen beim Roulette, zwei Auguren drehen das Rad und rechen die Jetons auf dem Spieltisch zusammen. Es sind Einheimische, wie die Bademeister und die Fischer, Menschen, die ihr einfaches Leben gern zu einer Legende verklären. Man hört sie im Dialekt von San Remo denken, während sie auf Französisch mit umbarmherziger Kälte den Spielverlauf verkünden. Ungefähr so müssen die Aufseher der Konzentrationslager gewesen sein, wenn zwischen ihnen – den Folterknechten – und den Opfern eine Art Liebe entstand. Die Opfer ihrerseits haben meist sehr lebhafte Augen: eine Mischung aus Verzweiflung und Scham. Die meisten Spieler scheinen nicht sehr viel Klasse zu haben, solche wie sie sieht man auch bei Pferderennen. Es sind die

sogenannten »Streuer«, die den Tisch mit Zweihundert-Lire-Jetons übersäen, dies ist noch die Nebensaison. Mehr Klasse haben die Leute beim Baccara, sie spielen stumm und reglos wie Tote. Hinter einem eleganten Herrn stehend, der sich hin und wieder zu mir umdreht – vermutlich um abzuschätzen, ob ich ihm Pech oder Glück bringe –, beobachte ich eine Dame, schön wie Lana Turner: Neben dem Spiel ist sie hauptsächlich damit beschäftigt, sich ungerührt, ja reglos zu geben. Ihr, der Frau, gelingt das besser als den etwas plumpen, ihren Berufen verpflichteten Männern um sie herum – der junge Industrielle aus Mailand mit Schnauzbart, der hagere Geschäftsmann aus San Remo oder dem Piemont, der den Umgang mit Angestellten und Sekretärinnen gewohnt ist, und so weiter und so fort. Sie, die Frau, ist eine Dame von Welt, das schon, aber sie ist auch freier von gesellschaftlichen Zwängen und kann sich ungestört der Legendenbildung widmen. Alles, was man ihr ansehen darf, sind eine leichte Migräne und Müdigkeit.
Nachdem ich mich ein wenig an meine Umgebung gewöhnt habe, in der ich mich erbärmlich fühle, ohne Zaster, ohne Wagemut, blicke ich mich um. Wie alle traumatischen Situationen verwandelt sich auch meine Anwesenheit hier allmählich in eine Art Glücksgefühl. Wenn ich wirklich Chaplin wäre, würde ich spielen, ich würde Millionen gewinnen und das Kasino womöglich mit dem jungen Mädchen verlassen, das an einem der Tische hinten im zweiten Saal spielt. Sie ist blass, schmächtig. Ich gehe auf sie zu. Doch während ich zwischen den sagenumwobenen Tischen auf sie zuschreite, steht sie auf. Eine alte Dame mit kurzen Beinen ist an ihrer Seite. Die beiden reden aufeinander ein und kommen auf mich zu. Sie streiten aufgebracht miteinander. Sie steuern auf den Ausgang zu. Als sie an mir vorbeigehen, sehe ich, dass die junge Frau gar nicht mehr so jung ist, obwohl sie so schmächtig ist, und in ihren Augen steht die gleiche Mischung aus Verzweiflung und Scham wie in denen der »Streuer«. Ihre ältere Freundin ist Ausländerin: eine Deutsche, vielleicht aus Bayern.

RIVIERA DI PONENTE

JUNI

Der Diener des Hotels in San Remo sieht mich traurig an, dann bricht es aus ihm heraus: Er hat gesehen, dass ich aus Rom komme, zehn Jahre war er dort und kann die Stadt nicht vergessen, er ist den Tränen nahe. »Na, kein Wunder!«, tröste ich ihn. »Hier sind die Leute ja auch viel verschlossener und eigener als in Rom, wo nach fünf Minuten jeder dein bester Freund ist.« In den Augen hinter den Brillengläsern stehen noch immer Tränen, als er mich ansieht und mir erklärt: »Wissen Sie, so wie Sie sagen, sind die Leute erst, seit die Süditaliener hergekommen sind.« Ich sehe ihn erstaunt an: Noch nie waren mir die Ligurier und Süditaliener sympathischer als in diesem Moment.
Von San Remo die Riviera entlang brennt die Sonne, und frische Wolken ziehen auf.
Die – wegen der Radrennen ebenfalls legendären – Namen der Orte nehmen in Wirklichkeit blitzartig andere Gestalt an: Am Horizont durchsichtige Berge über dem tosenden

»… jeder genießt, so gut er kann, das Ideal des Sommers an diesen herrlichen Stränden …«

Meer, davor Alassio, es schluckt seine Besucher in den Hotels, die sich, alle wie aus einem Guss, bis an die kargen Wellen vorstrecken. Schäbig glänzen sie im Gegenlicht auf den dunklen Felsvorsprüngen wie Kiesel.
Es wäre meine Pflicht, in Spotorno haltzumachen, aber ich tue es nicht. Hier lebt einer der aufrichtigsten italienischen Dichter des 20. Jahrhunderts, Sbarbaro; er schreibt mir Briefe, ich ihm, wir schätzen uns. Müsste ich nicht haltmachen und ihm Guten Tag sagen? Ich tue es nicht. Vor die Welt der uneigennützigen Interessen, der wir beide noch angehören, nennt sie ruhig die Welt der »schönen Seelen«, drängt sich eine gewaltsam und wundersam lebendige Welt: ein Strom von Seebädern namens »Neptun« und ersten Badegästen, von Pensionen mit mehrsprachigen Aushängen – »Zimmer«, »Zimmer« und »Zimmer«, alle auf Deutsch –, von genießerisch geschlecktem Eis, von täglich mehr als dreitausend Autos mit ausländischen Nummernschildern an der Grenze, von laufenden Radios, von Kindern und Kindermädchen, von Ballspielen, von unablässig aus den Jukeboxen und Radios tönenden Schlagern. Es ist der bunte Strom des Lebens, voll angestauter Daseinslust, ganz unmittelbar: Es ist nicht wichtig, wie, sondern dass man hier ist, jeder genießt, so gut er kann, das Ideal des Sommers an diesen herrlichen Stränden, will mit aller Kraft glücklich sein und ist es darum auch, sieht und wird gesehen, auf diesem großen Fest der Liebe.

GENUA

JUNI

Nachdem es über etliche Kilometer hinter einer riesigen verrußten Speicherstadt verborgen war, wechselt das Meer seine Farbe: Zwischen zwei Felsvorsprüngen und einem Glockenturm, halb maurisch, halb Jugendstil, taucht es wieder auf, zusammen mit einer Reihe Wolkenkratzer auf einer Anhöhe, staubfarben wie alles hier.

Genua raucht, verraucht in einem grandiosen Wirrwarr. Du durchquerst die Stadt, und dann, ungefähr auf halber

Strandszene in Alassio

Höhe des Corso d'Italia in Richtung Riviera di Levante, drehst du dich um, und plötzlich hast du den schönsten Blick von ganz Ligurien hinter dir. Im Hafen liegen in Reihen die Schiffe, das falbe Meer peitscht gegen die Kais, ein Erdrutsch von Häusern steht zu einem einzigen staubigen Klumpen zusammengepfercht; in der Nähe alte rostige Schiffe, Kaimauern aus schwarzen Blöcken, das olivgrüne Meer, trüb wie ein Fluss bei Hochwasser, dazu Schnörkel aus Klippen, Inseln und schmiedeeisernen Ringen, und unten in den Schlünden Unkraut, Feigenkakteen und Müll. Am äußersten Rand des Bildes, zu Füßen des Betrachters und am Ende einer schwindelerregend hohen Mauer wie aus einer Stadt der Zukunft, liegt unter einem Sicherheitsnetz ein kleiner Kiesstrand. Im Gewitterlicht sieht man jemanden baden. Ein blondes nacktes Mädchen aus Fleisch, warmes Fleisch zwischen all dem Eisen.

PORTOFINO

JUNI

Von Genua bis Camogli sieht die Landschaft noch genauso aus wie an der Riviera di Ponente: Dunstig bricht das Land am Meeressaum ab, und man fühlt sich an die großen Aufbrüche, die großen Ankünfte erinnert.
Dann verändert sich alles. Die ersten kleinen Hafenbuchten tauchen auf, die Adlernester, die verträumten Nischen zwischen bewaldeten Hügelarmen, die Einsiedeleien, die kleinen smaragdgrünen Meerbusen.
Hier gibt es kein Chaos mehr. Die Preise sind horrend, sie verwehren kleinbürgerlichen und proletarischen Seelen den Zugang. Alles ist unverfälscht, intakt: Die Häuser, seien es Mietshäuser oder Milliardärsvillen, die meisten noch vor der Jahrhundertwende erbaut, sind massiv wie Festungen. Die Blumen leuchten in ihrer ganzen Pracht, es gibt kein einziges welkes oder angefressenes Blatt mehr. Wie mit Lack überzogen glühen Bougainvillea und Geranien an den Mauerwänden, auf den Veranden. Ein herr-

Im Hafen von Portofino

licher violetter Verputz, von einem Künstler – klatsch – auf das Blau der Rankgitter geworfen, ein purpurnes Relief.
Die Bucht von Paraggi muss man gesehen haben, der Bühnenbildner von Visconti scheint sie entworfen und ausgemalt zu haben: alles in Blutrot und Veronese-Grün.
Auch die Piazzetta von Portofino rund um die tief eingeschnittene Hafenbucht, grün wie ein Alpenfluss, ist eine Bühne für Milliardäre, wo einfache Millionäre – oder der proletarische junge Mann, der in seinem schwarzen Blouson und den amerikanischen Hosen aussieht wie Jacques Anquetil*, hinter ihm verschämt seine ziemlich hässliche Freundin, oder das Callgirl aus Biella, weißblond wie ein Edelfräulein des achtzehnten Jahrhunderts, mit dem Nachnamen eines berühmten Staatsmanns, aber dem vulgären Mundwerk eines Schulmädchens – nur kurz vorbeikommen.

**Jacques Anquetil* war fünfmaliger Gewinner der Tour de France.

Vor einer Reihe vertäuter Yachten entdecke ich den Besitzer der berühmten Bar La Gritta. Mit seinen glatten Haaren sieht er aus wie ein hiesiger Vorkriegspirat, darunter ein Schurkengesicht, er trägt weiße Stoffschuhe. Ich stelle mich vor, frage: »Und? Gibt's was Neues?« Er begreift sofort und setzt eine wissende Miene auf, eine Miene, wie sie Köche wohl machen, wenn sie in der Küche Langusten zubereiten. Schon sind wir alte Kameraden: Wenige Worte genügen, ein Augenzwinkern, ernstes, professionelles Gebaren. Er vertraut mir knapp die Neuigkeiten an: »Morgen Abend kommt Ava Gardner«, flüstert er. Gut. Und weiter, mit bedeutungsvollem Blick: »Sie kommt in Begleitung von ...«, und er nennt einen unaussprechlichen englischen Namen, den ich noch nie gehört habe. »Wer ist das?«, frage ich. Er blickt mich entsetzt an: Von jetzt an verachtet er mich, ich habe ausgespielt. »Was? Die kennen Sie nicht?«, ruft er aus. »Das ist die fünftreichste Frau Amerikas!« Und da er schon einmal angefangen hat, fügt er noch hinzu, nun allerdings halbherzig: »In Kürze wird Buffett mit seiner Frau hier sein. Er hat mit seiner Yacht einen Ausflug nach San Fruttuoso gemacht.« Dann lässt er mich stehen.

Am Strand von Santa Margherita

Ristorante

SANTA MARGHERITA

JUNI

Wie ein Tempel für den Gott der Großbourgeoisie erhebt sich vor den Toren von Rapallo das *Excelsior* auf einem sonnenüberfluteten Felsen. Der Ernst seiner fürchterlichen Jugendstilgiebel grenzt an Erhabenheit.
Ich gehe die Treppe hinunter, die zum kleinen Strand führt. Gebeugt nehmen ein paar Arbeiter letzte Ausbesserungen vor dem Saisonbeginn vor.
Über künstlich abgewetzte schmale Stufen neben dem Mausoleum steige ich noch tiefer hinab, suche in den unechten Grotten den Wasserskilehrer.
Er ist Österreicher, die blonden, glatten Haare hängen ihm um den Kopf, wie es vor dem Krieg Mode war. Ein kräftiger Mann, ein Gesundheitsfanatiker von bemerkenswertem Humor und Optimismus, er heißt Hans Nöbl. Ich gebe mich als Journalist aus und stelle ihm einige dumme Fragen, die ihm jedoch Freude bereiten: »Welche Ihrer Schüler haben den größten Eindruck auf Sie gemacht?« Die Antwort wirkt vorbereitet: Prinzessin Ibrahim, die Schwägerin von Faruk, die ihn durch ihre außergewöhnliche Schönheit beeindruckt hat, und Prinzessin Maria di Borbone-Parma, die ihn beeindruckt hat, weil sie so sympathisch war. Er erzählt auch vom einstigen König Umberto di Savoia, bei dessen Erwähnung der Wasserskilehrer es nicht an einer Spur Wehmut fehlen lässt.

RAPALLO

JUNI

Der Abend bricht an. In den Bars spielen kleine Kapellen vor Scharen aufgereihter Stühle. Der Jugendstil erstrahlt im heiligen Feuer von Sommernächten, die nie einen Proust hatten, und das besessene Flanieren unter den Palmenbäumchen an der Strandpromenade beginnt.
Spät in der Nacht taucht in den verlassenen Grünanlagen an einem Denkmal von Christoph Kolumbus, der mit dem bronzenen Finger auf Amerika zeigt, unter sich ein halbes Dutzend Neptune neben gefesselten, entmutigten Äoliern, eine Gruppe Teddy-Boys auf.

Badende am exklusiven *Lido Paraggi*, Santa Margherita

Sie kommen aus Chiavari. Gerade sind sie von ihren Mofas gestiegen, jetzt ziehen sie die Reißverschlüsse ihrer roten oder leuchtend blauen Blousons auf. »Lasst uns ins *Corallo* gehen«, sagt einer aus dem ersten Grüppchen. »Quatsch, wir gehen ins *Eden*, du Idiot!«, ruft ein fieser Blonder. In Wahrheit sagt er nicht »Idiot«, sondern benutzt einen viel kraftvolleren ligurischen Ausdruck. Dann entdecken sie eine Frau, die Hosen trägt, genau wie sie selbst. Sie haken sie unter, es scheint eine alte Freundin von ihnen zu sein, vielleicht eine etwas verrückte Ausländerin.

Unter pflichtschuldigem Teddy-Boy-Gehabe, das ihnen die Pflicht erspart, brave Jungs zu sein, machen sie sich auf den Weg ins *Eden*, wo auch immer und was auch immer das sein mag.

RIVIERA DI LEVANTE

JUNI

Chiavari ähnelt Den Haag, wenn man ein bisschen Dschungel hinzudenkt. In Sestri sieht alles genauso aus wie auf den Ansichtskarten, ich bin ein paar Stunden lang tot, in eine Ansichtskarte hineingeraten, in eine Bar, davor die Bucht, die Boote, die Strandbäder, Kinder, die Promenade.

LA SPEZIA

JUNI

La Spezia ist menschenleer. Es ist Sonntag. Die Matrosen weiße Farbtupfer. Jeder ist am Meer, in der Bucht. Einer der schönsten Sonntage meines Lebens beginnt.

San Terenzo ist ein kleiner Ort vor Lerici, die Piazza liegt auf dem Strand. Die Türen der Häuser und Cafés öffnen sich auf den schmalen Streifen Sand, und auf den schmalen Streifen Sand hat sich die Menschenmenge der schönsten Sommertage ergossen. Ein prächtiges Schauspiel, ganz in Rot, Blau und Grün, junge Leute, Kinder, Mütter, Matrosen, arme Leute tummeln sich hier in Festtagslaune, unter Rufen, Gelächter und Spielen.

Beachvolleyball

LERICI

JUNI

Der Mittelpunkt des Festes ist Lerici: Noch nie ist mir die Sonne so gewaltig und so perfekt erschienen. Die Hitze ist noch nicht zu stark, man muss nicht unbedingt ins Wasser gehen. Die Jugend schlendert durch die Straßen wie an einem Frühlingssonntag.

Eine lange Kamerafahrt über die Mole von Lerici am Fuß des mit Häusern dicht besetzten Berges, den kleinen Hafen entlang, wäre ein ganzer Film. Gut hundert Meter lang ist die Reihe armer Leute, die, mit dem Rücken an die Steine gelehnt, im Freien sitzen: Alte, Rentner, Kranke, Pärchen. Nahezu stumm sitzen sie da, betrachten das Schauspiel im Ort und am Meer. Vor ihnen, auf der Mole, findet ein wahrer Reigen statt: eine alte Frau, die angelt und sich dabei auf die Lippen beißt, Scharen von Matrosen und Mädchen, dann, hinten am Ende der Mole, kleine Jungen in Unterhosen, die schreiend und lachend ins Wasser springen, um sie herum noch mehr Menschen: junge Männer mit schwarzen Brillen, Ausländer, Pärchen, alle auf diesen zwei Metern Stein versammelt. An der äußersten Spitze der Mole, auf einer runden Plattform mit einer steinernen Säule für das Leuchtfeuer, liegen zwei alte Männer, fett, verschwitzt, ungepflegt. Nichts nehmen sie wahr, alles ist ihnen egal, sie sind nur zwei Umrisse vor der fernen Silhouette durchsichtiger Berge über dem Meer. Unter ihnen auf den Steinen umarmt sich ein Paar, ohne Scham. Er ist ein böser, frecher Fettwanst mit einer Idiotenmütze in der Stirn, schwarzer Brille und hässlichen Haaren auf der feisten Brust, sie eine ebenso böse, dumme Schreckschraube. Die Ärmsten, sie haben ihre Lust daran, sich gegenseitig anzufassen. In diesem Höllengraben sitzt einsam ein Nymphchen auf einem Stein: Sie trägt einen seltsamen Badeanzug in fast schon schmutzigem oder zumindest von der Sonne gebleichtem Metallgrau, der bis auf den eben sprießenden Busen und die Schultern alles verbirgt. Es scheint ein Badeanzug der Großmutter zu sein, und wenn er auch sehr elegant sein mag, er ist nur ein kümmerlicher Notbehelf. Sie ist ein Mädchen aus dem

Volk, doch ihre frühreifen vierzehn Jahre machen einem fast Angst. So verbringt eine Manon ihre frühe Pubertät: Sie stellt sich zur Schau, warmes Leben, ein Mädchen aus dem Volk, unschuldig und schon heimtückisch, schon im Bewusstsein nicht des Guten, sondern des Bösen in ihren eben sprießenden Brüsten, in ihren noch kindlich blonden Haaren.

CINQUALE

JUNI

Die Berge der Versilia … Sind sie heiter oder düster? Das wird man nie verstehen. Ihre Formen sind ein bisschen irrwitzig, und immer sind sie in umwerfende Farben getaucht, in diese Rosatöne, dieses jähe Auflodern des Marmors, das wie zufällig durch das Dunkel dringt. Aber sie sind so sanft, so mythisch.

Hier ist der Strand von Cinquale. Ein Meer voller Erinnerungen, sie nähren sich vor allem von meinem Freund, dem Dichter Bertolucci, der seine Ferien hier verbringt, in Gesellschaft der erlesensten Literaten. Schon D'Annunzio war hier. Huxley schrieb hier von 1920 bis 1930 *Those Barren Leaves*, und Thomas Mann – der seine Kinder zum Entsetzen der Italiener nackt baden ließ – schrieb entrüstet *Mario und der Zauberer*. Auch Rilke kam in diese Gegend, um irgendeines seiner Sonette zu ersinnen. Malaparte war hier in der Verbannung. Pea verbrachte hier sein langes Leben. Carrà malte hier. Und es kommen, wie gesagt, noch immer Schriftsteller her, vor allem Florentiner: Longhi, Anna Banti und De Robertis, immer mit einer Träne im lachenden Auge, seinem Kopf eines Vögelchens, eines der Süppchen verdauend, von denen er sich ausschließlich ernährt, und der großen Liebe zur Dichtung im Herzen, einer ganz besonderen Liebe.

Inmitten dieser Erinnerungen, gegen die das bisschen Hintergrund der Berge der Versilia wenig ausrichtet, spaziere ich am Strand von Cinquale, und was sehe ich?

Eine Bande Halbwüchsiger aus der Emilia, bäuchlings auf dem Sand ausgestreckt, die eine Deutsche beobachten,

alle ein bisschen pummelig und zerzaust, und einer mimt zum Spaß einen Epileptiker.
Eine Gruppe Deutsche ohne Geld: zwei junge Burschen und zwei Mädchen, blond wie Mais.
Eine Arbeiterfamilie, die soeben ihre Mahlzeit neben einem zur Vorratskammer umfunktionierten Beduinenzelt beendet hat, und einen jungen Mann, der die Teller im Meer abwaschen geht.
Zwei kaputte Fahrräder, eins an das andere gelehnt wie zwei Betrunkene.
Eine Lambretta, darauf ein Paar Schuhe aus hellgrünem, abgewetztem Wildleder und Söckchen.

FORTE DEI MARMI

JUNI

Der Strand von Forte dei Marmi liegt in diesem Monat fast verlassen da, der Sand ist so glatt wie der Boden eines Ballsaals. Von der Reihe sorgfältig angestrichener Badekabinen unter Girlanden aus fröhlichen Fähnchen bis zu den Wellen sind Zelte aufgepflanzt: Auf vier Pfählen von japanischer Eleganz ruhen die Sonnensegel in ausgeblichenen Farben, darunter sind Liegestühle, Bänke und Decken ausgebreitet, in reizender Unordnung und so leuchtend bunt, dass sie von Matisse stammen könnten.
Die Tochter des Chefs einer großen Tageszeitung geht zum Strand, in der Hand einen herrlichen gelben Bademantel.
Die Agnellis besitzen eine große Villa und ein Stück Strand in Forte.
Die Reihen der Kabinen brechen ab, ebenso die der japanischen Zelte auf dem Sand. So entsteht ein Freiraum, in der Mitte ein großes rostrotes Zelt.
Vor dem Zelt sitzt Gianni Agnelli, fett, blühend, sonnengebräunt.
Der Fotograf kommt auf ihn zu. »Stört es Sie, wenn ich ein paar Fotos mache?«, fragt er. Mit überirdischer Höflichkeit antwortet Gianni Agnelli: »Außerordentlich!« Unterdessen nähert sich, ausgelassen wie ein kleiner Junge, Umberto Agnelli, der morgen heiratet, und fragt von weitem: »Wie läuft's in Spoleto?«

*Die *Capannina* ist ein legendäres Nachtlokal. In den 50er-Jahren tanzte dort der internationale Jetset, Stars wie Josephine Baker, Ella Fitzgerald, Ginger Rogers und Marlene Dietrich traten auf.
**Der *Messaggero* ist eine große römische Tageszeitung.

In der *Capannina** findet eine Versammlung des Rotary Clubs statt.
An der Bar die Contessa Volpi di Misurata, erhitzt, frisch massiert, zart wie ein Pfirsich. Auf einem Hocker thronend, nach einigen Cocktails leicht euphorisch, vor sich einen Verehrer, der aussieht wie De Sica – doch da er nicht fünfundsechzig Jahre alt ist, sondern fünfundvierzig, benimmt er sich wie ein Fünfundzwanzigjähriger –, die Tochter des Direktors vom »Messaggero«**, die vor sich hinredet, die entblößten Beine wie zwei Dolche.

VIAREGGO

JUNI

Es stimmt, auf der breiten Strandpromenade zwischen den Pagoden herrscht noch kein Gedränge, in den Hotels bekommt man schon bei der ersten Anfrage ein Einzelzimmer mit Bad. Noch werden die *dancing bars* von der einheimischen Jugend besucht, Studenten und Bademeis-

ter in eleganten weißen Hosen. Doch die große Jahreszeit hat in Viareggio schon begonnen.

TIRRENIA

JUNI

Drei Studenten aus Pisa, Anhalter, die ich mitgenommen habe.

Sie beschweren sich darüber, dass sie nicht nach San Rossore können, weil es dem Staatspräsidenten gehört. Marina di Pisa kommt für sie nicht infrage, es ist altmodisch. Sie fahren nach Tirrenia, weil dort alles modern, amerikanisch ist: *american beach.*

Mir dagegen gefällt Marina, vor allem der Arno in der Nähe des Meeres, wo wunderhübsche kleine Holzhäuser an den zartgrünen Ufern stehen.

Livorno

LIVORNO

JUNI

Livorno ist nach Rom und Ferrara die Stadt in Italien, in der ich am liebsten leben würde.
Jedes Mal lasse ich mein Herz an dieser breiten Strandpromenade zurück, wo es von ungezwungenen, glücklichen jungen Leuten und Matrosen wimmelt. Man hat kaum das Gefühl, in Italien zu sein. In der Umgebung, in den Fabriken der nach Norden gelegenen Stadtviertel wird mit einem Eifer gearbeitet, der mir nicht vertraut ist und mich gerade deshalb umso freundlicher stimmt und ermutigt.
Die Einwohner von Livorno sind hart und unsentimental, sie haben den jüdischen Scharfsinn, die guten Manieren der Toskaner und eine amerikanisierende Sorglosigkeit. Junge Männer und Mädchen sieht man immer zusammen. Probleme mit der Sexualität gibt es nicht, nur große Lust, Liebe zu machen. Die Gesichter ringsum sind bescheiden und fröhlich, schelmisch und ehrlich. Auf den chaotischen, prächtigen, breiten Strandpromenaden liegt immer ein Fest in der Luft wie im Süden. Aber es ist ein Fest voller Respekt vor der Freude der anderen.

VON DER TOSKANA INS LATIUM

JUNI

Das schönste Meer Italiens findet man an den Klippen zwischen Calafuria und Quercianella. Auch auf Capri gibt es so phantastische Klippen und so klares Wasser, doch dort liegen immer irgendwelche Essensreste und Müll herum. Hier ist alles so makellos wie auf den Inseln von Jules Verne.
Eine ganze Weile lang werden die Küstenstriche der Toskana von einem Bauwerk auf dem Gipfel eines unter der Sonne verdorrten Berges beherrscht. Es hätte das Grab von Ciano* werden sollen, heute ist es zu einer Art Bunker verkommen, wahrscheinlich voller Fäkalien.
Dann beginnt die Maremma, die Geschichte verblasst, zieht sich zurück, bildet eine Leerstelle. Hinter Cecina

***Galeazzo Ciano* (1903–1944), italienischer Außenminister, den Mussolini 1944 hinrichten ließ.

(dieser schöne, allen zugängliche Strand, an dem ich meine Ferien verbringen würde, wenn ich welche machte) folgt eine Reihe unberührter Küstenabschnitte. Der Höhepunkt ist Porto Santo Stefano, das keinen Bezug mehr zu Zeit und Raum hat. Und der Argentario. Einfache Pinselstriche, leuchtende Farbflecken in den Formen des Meeres und des Landes, und ein Frieden wie im schönsten Schlaf. Santa Marinella hat sich verändert, seit ich Rossellini hier bei einer privaten Vorführung von *India* kennenlernte: Seine Nase und sein Mund, fleischig, animalisch, vor Sinnlichkeit glänzend, sein frommes, feistes Klosterbrudergesicht – das er, wie Fellini sagt, vor Unbekannten aufsetzt, um sie besser studieren zu können – beherrschen diese römische Kinolandschaft. Der große Jugendstil ist verschwunden, hier begegnen wir einer Tradition, die erst um 1930 beginnt, würde ich sagen. Doch die Natur ringsum ist eines Goethe, eines Corot würdig.

FREGENE

JUNI

Ich gehe sofort Moravia begrüßen, er ist springlebendig wie ein junger Mann, hat sich aber in die Villa dei Pini zurückgezogen, um seinen neuen Roman *La contemplazione e la noia* zu schreiben.

Und ich gehe zu Fellini, der hinter den kleinen Villen von Fregene, hinter dem Pinienwald, mit einer zweiten Louise Rainer eine Episode für *La dolce vita* dreht. Ich begrüße Fellini nur flüchtig und schuldbewusst. Eigentlich sollte ich ihm helfen, ein paar Dialoge für diese Episode zu schreiben (die Hauptfigur ist eine Schriftstellerin), stattdessen habe ich mich an den Stränden des Tyrrhenischen Meeres herumgetrieben. Einmal hat Fellini mir, ich weiß nicht mehr aus welcher Stadt der Welt, eine Ansichtskarte mit der Anrede »Treuester Paolino« geschrieben (Fellini, von seinem Pascoli-Hintergrund geprägt, neigt zum Diminutiv). Jetzt weiß ich nicht, was für ein Gesicht ich machen soll vor der bissigen Crew, vor den grausamen, von

Alberto Moravia (rechts) und Ercole Patti mit Carolin Freud und Joyceline Bathwod, Fregene

*_La Conchiglia_, die _Muschel_, ist ein Luxushotel in Fregene.

ihrem Snobismus geblendeten Zuschauern, vor Fellini selbst, der dort mit Hängebacken und von Müdigkeit dunkel umschatteten Augen steht und sentimentale Diminutive schreit, im Rücken die scheußliche *Muschel**, einen Ort höchster Raffinessen, den er zum Sitz seiner Heldin auserkoren hat. Jetzt bin ich wirklich in Rom angekommen.

OSTIA

JUNI

Der Große Ameisenhaufen ist in Bewegung geraten.

II VON OSTIA BIS PORTO PALO

JUNI

Unter einem Gewitter, blau wie der Tod, komme ich in Ostia an. Das Wasser verdunstet zwischen Donnern und Blitzen. Kleinlaut drängen sich die Urlauber in den Bars, unter den Dächern der Umkleidekabinen. Die menschenleeren Strandbäder wirken ungeheuer groß.

Es hat nicht den Anschein, als würde der Regen bald aufhören, und in dieser Novemberkühle rasen wir an der Küste entlang. Neben mir sitzt Elsa De Giorgi, die zum Circeo* will: Reglos und scharf wie ein ruhendes Schwert, redet sie unentwegt. »Dir hätten sie den Strega** geben sollen«, wiederholt sie stur. »Das war wirklich ein übler Streich, den man dir da gespielt hat ...« – »Es war vorherzusehen, Elsa«, sage ich, denn für mich ist es, als läge die Abstimmung über den Premio Strega, die vorgestern stattfand, schon tausend Jahre zurück. »Nein, du darfst dich nicht so leicht damit abfinden!«, sagt die Schauspielerin und Schriftstellerin mit der ihr eigenen, niemals nachlassenden Leidenschaftlichkeit, während rechts und links die unglaublichen Wildwesthütten von Tor Vajanica vorüberfliegen.

Doch in Gedanken betrüge ich sie schon mit der anderen Elsa, Elsa Morante: Ich bin schon ganz dort unten im Süden, auf Arturos Insel.

Am Circeo (wie seltsam doch dieses Sabaudia*** ist: Seine wahnhafte Vermessenheit darf nicht vergessen werden) verlässt mich die De Giorgio. Ich fahre alleine weiter. Mein Herz klopft vor Freude, vor Ungeduld, vor Erregung. Ganz allein, ich und mein Fiat Millecento, und der ganze Süden vor mir. Das Abenteuer beginnt.

Schon bald werde ich an einer Abzweigung angehalten, es sind zwei Deutsche, ein blutjunges Pärchen, fast noch Kinder.

Er kniet auf dem Boden und schlägt mit den Fäusten auf den Asphalt. Ich halte an, lasse sie einsteigen.

»Woher kommt ihr?«, frage ich natürlich. »Aus Düsseldorf« (wir sprechen ein grässliches Englisch). »Und wohin wollt ihr?« – »Nach Sizilien!« – »Das wird bestimmt keine be-

**Parco Nazionale del Circeo*, Nationalpark.

**Der *Premio Strega* ist ein bedeutender italienischer Literaturpreis, der seit 1947 alljährlich verliehen wird.

****Sabaudia* wurde 1934 als ideale faschistische Stadt ganz im klassizistischen Stil der faschistischen Architektur erbaut.

Am Lido di Ostia

queme Reise«, warne ich sie, »manchmal wird es schrecklich sein.« Doch sie nehmen die Sache sportlich, lächeln. »Und warum ausgerechnet Sizilien?«
»Weil es uns gefällt …«, aber sie können nicht genau sagen, warum. Sie studieren Architektur. Was sie wirklich antreibt, ist ein Überbleibsel der Romantik: Die Ersten, die italienische Volkslieder gesammelt haben, waren Deutsche, und zwar in Sizilien. Man spürt, wie mächtig das ästhetische Ideal ist, das die beiden anspornt. In Sperlonga muss man sie gesehen haben: Mit der Zurückhaltung wohlerzogener Menschen geraten sie buchstäblich aus dem Häuschen, sie können es nicht fassen, dass sie sich leibhaftig in diesen engen Straßen befinden, in dieser weißen Kasbah, mit atemberaubenden Blicken auf das Meer bei Sonnenuntergang.

NEAPEL

JULI

Gegen Abend komme ich in Neapel an: In der Ferne kreist ein Gewitter über den gottlosen Bergen. Nachdem mich erst die Bersagliera* persönlich und dann die Kellner des Zi' Teresa vergeblich am Hemdzipfel festzuhalten versuchen, esse ich bei Ciro zu Abend. Auf dem Weg überquere ich eine kleine Brücke, im Hintergrund die Silhouette des Kastells, da stellt sich mir ein junger Mann mit einem Strauß Rosen in den Weg und bietet mir eine Rose an: »Das Leben ist hart, mein Herr!« Er ist der Erste. In Scharen stehen sie neben dem Restaurant, wie Schwärme kleiner Insekten fallen sie über den Fremden her, stürzen sich wie Düsenjäger auf ihn, umkreisen ihn hartnäckig wie alte Fliegen. Das Recht ist immer auf ihrer Seite. Der ganze Hafen ist in Aufruhr: Unter dem riesigen Mond wimmelt es von Booten, und auf dem Meer, auf den Stegen, häufen sich in endloser Folge die unglaublichsten Dinge. Junge Burschen springen ins Meer, um die Münzen einzusammeln, die die Fremden hineinwerfen. Dann umschwirren sie die Austern- und Muschelverkäufer. Als ich aus dem Restaurant komme, beäugen sie mich, aber sie sind un-

* *La Bersagliera* ist eines der berühmtesten Restaurants von Neapel, 1919 gegründet von Donna Emilia Del Tufo, genannt die »Bersagliera«.

Parkanlage in Neapel

OLD BRANDY
PUNT E MES
CARPANO
Oggi all'ASTRA
PERDONAMI!

schlüssig: Ich trage ein T-Shirt, weiße amerikanische Lee-Hosen und habe kurz geschnittene Haare, das verunsichert sie. Doch dann stellt sich der Kleinste von ihnen, ein Ungeheuer, der Ärmste, ohne Kopf, ohne Beine, ohne Arme, ohne Körper – er hat nur zwei ausgetretene Schuhe und einen Mund –, vor mich hin, hinter sich die Meute. Er verbirgt eine Hand hinter dem Rücken, streckt sie dann geöffnet aus und bittet: »Zehn Lire, zehn Lire!« Ich gebe ihm fünfzig. Schon ist es passiert: Das Heer der armen Schlucker umringt mich, und während ich erneut die Brücke überquere, folgen mir alle. Auch der Rosenverkäufer ist dabei, *speruto* (begierig), etwas zu verdienen, ruft er mir noch einmal zu: »Das Leben ist hart, mein Herr!« In der Tiefe schäumt das Meerwasser, seit Urzeiten dasselbe, mit einem Gestank nach Fisch, der traurig stimmt. Die Via Caracciolo vor uns ist eine einzige Karambolage. Ganz Neapel ist von einem Ende der Bucht bis zum anderen ein Regen aus Lichtern in endlosen Girlanden. »Zehn Lire! Zehn Lire!« – »Fünfzig Lire!« Am Fuß der Brücke packt ein Kutscher einen der Lausebengel, der, vom Boden hochgehoben, sein wahres Alter verrät, nämlich schon sechzehn, siebzehn – er ist ein Zwerg. Als er auf das Mäuerchen gesetzt wird und Klapse auf den Kopf kriegt, schlägt er einen frechen Ton an, spricht wie ein Anwalt, wie Marotta*: »Klein bin ich!« Er setzt eine *cinque-e-tre-otto*-Miene auf und mimt den *mariuole-e'-mezzanotte***: die streitlustige, undurchschaubare Gerissenheit. »*Songo pìccolo*« (mit starkem Akzent auf dem ì). »Ein Zwerg bin ich! Alle in meiner Familie sind Zwerge!« Langsam fährt eine *scartellata*, ein Polizeiauto, durch die Via Caracciolo, dicht gefolgt von einer *urtulella*, einem Jeep. Die Gesichter hellen sich auf. Alle stehen sie hier, um ganz unschuldig ein bisschen frische Luft zu schnappen. Vor der Kirche Santa Lucia pfeift ein *nacannella*, ein Zuhälter, vor sich hin:

'Na frangetella 'e nuvole
'na vranca 'e stelle chiare …
Ein Klecks Wolken
eine Handvoll heller Sterne …

**Giuseppe Marotta* (1902–1963), Neapolitaner, Journalist, spitzzüngiger Aphoristiker.

***cinque-e-tre-otto-Miene, mariuole-e'-mezzanotte*: Typisch neapolitanisches Gesten- und Mienenspiel: Die Kartenwerte fünf und drei, die acht ergeben, bedeuten im Kartenspiel eine Überraschung. Fünf Finger der rechten und drei der linken Hand kreisen zu lassen bedeutet »stehlen«. Ein *mariuolo* ist ein kleiner Dieb, der nachts *e'-mezzanotte*, auf Raubzug geht.

Der Zehn-Lire-Winzling schießt blitzschnell los, mit gesenktem Kopf und der Entschlossenheit eines Wahnsinnigen, und stürzt sich auf ein deutsches Kapitalistenpaar. Der Mann trägt einen Khaki-Anzug und einen breitkrempigen Hut, sie ein schauriges Kleid mit grünem und himmelblauem Blumendruck, unter dem ihre Beine wie Blumenvasen aussehen. Der Kleine lässt nicht von ihnen ab, bis er ihnen eine Münze entlockt hat. Ohne nachzuschauen, ob es sich bloß um einen Knopf, einen Hunderter oder nur um zehn Lire handelt, rennt er mit der Münze in der Faust zu dem Zwerg und gibt sie ihm. Der Zwerg ist der Anführer: Die anderen Jungen, sechs oder sieben Jahre alt, arbeiten für ihn. Mit schlurfenden Schritten, weiten Pulcinella*-Hosen und erstaunlichen T-Shirts kommt eine Bande von *paladini* (Straßenjungen aus den Vorstädten) vorbei, sie singen lauthals:

*Der *Pulcinella* ist eine listige, dummdreiste Hauptfigur des süditalienischen und neapolitanischen Volkstheaters.

'Na frangetella 'e nuvoleee
'na vranca 'e stelle chiare …

In dieser Nacht in Neapel bin ich nicht schlafen gegangen, ich bin herumgefahren wie ein Verrückter: Hier rekelten sich Menschen auf den Wiesen der Grünanlagen, dort wurde ein neues Café, ganz in Rot, das *Caffè del Sole*, eingeweiht, hier bandelten Matrosen vor Reihen dicht gedrängt ankernder Boote mit Frauen an, dort schaukelten Bürgerliche auf den Liegestühlen der glitzernden Bars. Drei- oder viermal bin ich hin und zurück nach Posillipo gefahren. Ich habe die Morgenröte erlebt, ich habe den Vesuv gesehen, so nah, dass ich nach ihm hätte greifen können, vor einem Himmel, der bald so rot aufloderte, als könne er das Paradies nicht länger verbergen.

ABENTEUER IN ISCHIA

JULI

Ich trete vor mein Hotel. Es regnet noch immer leicht. Ich bin allein. Ganz allein führe ich meine Augen spazieren, die leichtgläubiger und fröhlicher sind, als ich gedacht

hätte. Allein: ich und Ischia. Ich und tausenderlei Dinge, Tausende Menschen. Alles neu.
Der Abend bricht an. Ganz Casamicciola ist am kleinen Hafen, wo sich Einheimische und Feriengäste mischen: Das große Fest der schönsten Sommertage ist in vollem Gange. Ich nehme einen Kleinbus und bin in zehn Minuten am Hafen von Ischia. Es ist schon Abend. Das hier ist eine richtige Stadt! Der Frieden von Casamicciola ist entrückt. Die Straßen, die Gassen, die Uferpromenaden mit ihren Menschenströmen sprühen vor Leben. Ich streife umher und schaue zu, bis ich vor Hunger sterbe. Ein Restaurant muss her. Ein junger Seemann führt mich, er kennt einen Ort, wo man gut isst, wie er mir versichert. Wir gehen zum Meer hinunter: Alles ist dunkel, und dort unten in der Tiefe gähnt das Meer wie ein riesiger, schlafender Hund. Das »Michele« steht auf Pfählen und ist völlig leer, nur die Töchter und Freunde des Wirts sind da. Der Sommerabend gehört allein ihnen, müßig sitzen sie beisammen und plaudern in ihrer rätselhaften Sprache. »He, Michè! Gibt's was zu essen?«, fragt mein Führer, der um sein Ansehen besorgt ist und darum den scharfen Ton des Grobians anschlägt. Ja doch, es gibt was. Man isst wirklich gut. Michele setzt sich eine Weile zu uns: Die Redelust steht ihm ins Gesicht geschrieben, aber er redet nicht. Fett, ölig, dunkel, asthmatisch wie eine Figur aus Andersens Märchen, lässt er sich wenig Eindeutiges entlocken. »Wie viel kostet die Übernachtung hier?«, frage ich. Er macht ein betrübtes Gesicht, senkt die Augen, als bete er im Geist das Vaterunser, und im Tonfall des gelangweilt-bescheidenen Besitzers, der vom Selbstverständlichen, sattsam Bekannten spricht, spielt er die Antwort herunter: »Dreitausend«, dann hängt er ein geseufztes »Lire« an. »Sind irgendwelche Berühmtheiten hier?« Erst versteht er nicht, dann begreift er und antwortet geduldig, das weiche, dunkle Fleisch am Kinn anspannend: »Eine Schauspielerin von den Warner Brassas ist hier, aber den Namen weiß ich nicht!« Tja, Ischia ist entdeckt, aber die Inselbewohner wissen es zum Glück noch nicht.

Lorella De Luca und Alessandra Panaro, in den 50er-Jahren sehr bekannte Filmschauspielerinnen, spielten oft zerstrittene Freundinnen.

Zu sechst kommen sie an: alle um die achtzehn Jahre, drei Jungen, drei Mädchen. Römer. Sie bestellen, die Mädchen im weinerlichen De-Luca-Panaro-Ton*, die Jungen mit der kläglichen Flegelhaftigkeit studierender Bürgersöhnchen. Sie geben sich mailändisch. Sie stehen auf eigenen Füßen, essen allein, lachen und reden, ohne etwas zu sagen. Im Rausgehen höre ich noch, wie eines der Mädchen zu einem Jungen sagt: »Lass uns aus demselben Glas trinken, ist doch jetzt sowieso egal …«

Überall auf den Straßen sind noch Menschen: die einheimische Jugend in Grüppchen, Matrosen, Frauen mit großen Kopftüchern und weiten Jacken vom Wochenmarkt … Der Abend verstreicht, er verstreicht herrlich, muss ich sagen. Ich kehre zur Haltestelle meines Kleinbusses zurück. Doch, verflucht, an der menschenleeren kleinen Kreuzung neben einem geschlossenen kleinen Café warte ich stundenlang. Der Bus kommt nicht. Stattdessen stellt sich ein junger Mann vor, kleinwüchsig und mürrisch, wie nur Neapolitaner sein können. Er hat mich heute Morgen auf der Fähre gesehen, das reicht als Vorwand für seine kurze Geschichte, die er allerdings mit großer Würde erzählt: »Ich bin nach Ischia, nach Sant'Angelo gekommen, um in der Küche zu arbeiten. So war's mit dem Hotel vereinbart, wo sie mich auf Probe eingestellt haben. Aber ich bin bloß *commis*, und sie brauchten einen *demichef*. Sie behalten mich also trotzdem auf Probe und lassen mich den ganzen Tag arbeiten. Abends schicken sie mich ohne eine einzige Lira weg. Ihr benehmt euch nicht wie Ehrenmänner, sage ich. Nichts zu machen: Sie geben mir ein bisschen Fisch zu essen und entlassen mich. Ich zur letzten Fähre. Es gab keine Busse mehr, ich musste eine Motorkutsche nehmen, um zum Hafen zu kommen. Dafür hab ich meine letzten sechshundert Lire gegeben. Jetzt muss ich mir die Nacht in Ischia Porto um die Ohren schlagen, und morgen hab ich kein Geld für die Rückfahrt …« Küchenjungengeschichten, wie sie jeden Tag zu Tausenden passieren. Ich stecke ihm ein paar Münzen zu. Mein Bus kommt, ich fahre. Es ist tiefste Nacht. Ischia ist, wie es schon vor zweitausend Jahren war.

Nächste Seite:
Arm und Reich auf einer Promenade

TABACCHI

Im Hafen von Casamicciola stehen noch ein paar Leute herum: kleine Gauner, einige schon gereift, doch für immer im ewigen Alter des Südens stehengeblieben, dem Alter des Narziss.
Zum ersten Mal nehme ich ihre Fahrzeuge bewusst wahr: die Motorkutschen. Es sind die Kaleschen der chinesischen Kulis, an eine Vespa gehängt. Aus Sperrholz gezimmert haben sie die elegante bauchige Form kleiner Fässer und sind sorgsam mit Matten, Armlehnen und Kissen ausstaffiert. Nach diesem Muff geschlossener Räume riecht die Terra del Sole überall. Ich gehe auf einen der Burschen zu, er ist verwildert, blondgelb wie eine Schnecke, und verabrede mich mit ihm für morgen. Ich möchte mit dem Kuli nach Sant'Angelo fahren. Der Handel ist perfekt.
Ich gehe in mein Zimmerchen im Savoia. Seit Jahren bin ich nicht mehr wie ein Kind ins Bett gegangen, voller Vorfreude auf den nächsten Tag. Beeil dich, Nacht, geh schnell vorbei!
Die Sonne lodert auf. Am Himmel steht kein einziges Wölkchen mehr. Die morgendliche Brise streift umher wie ein Engel. Ich wasche mich, gehe nach draußen. Die Motorkutsche steht schon da, in der noch milden Sonne, daneben der Junge, ungekämmt und schlaftrunken. Es geht los.
Hinter Casamicciola hinunter zum Meer, an der Küste entlang. In den sonnigen Cafés frühstücken die Leute. Mit trägen und konzentrierten Schritten, zu denen ihre Holzpantoffeln sie nötigen, machen die ersten Badenden sich auf, ihren lieb gewordenen Gewohnheiten nachzugehen, Arbeiter werken wie schwarze Schildkröten unter der noch gnädigen Sonne. Nach zwei Minuten sind wir in Lacco Ameno. Hier muss ich anhalten! Hier ist doch das berühmte Hotel Rizzoli, von dem mir alle erzählt haben. Da ist es auch schon, unaufdringlich und klar umrissen ahmt es die luftige, hiesige Bauweise mit maurischen Bögen nach, daneben ein Abklatsch neoklassischer Thermen, blendend weiß. Ich steige aus. »Sind irgendwelche Berühmtheiten hier?«, frage ich die Bulldogge, die mit protziger Schirmmütze neben dem Wagen steht. Der Kerl

betrachtet mich abschätzend, schon wird er mein Komplize, wenig fehlt und er würde mir zuzwinkern. Sein Gesichtsausdruck fällt von ihm ab, jetzt segelt er auf einem Meer aus Andeutungen und wird zu dem, der er höchstwahrscheinlich ist, indem er bis auf die unterste Stufe der Gerissenheit herabrollt, aber die ist sublim. Mit der Fabulierfreudigkeit eines Plautus murmelt er mir geistesabwesend, als wäre er gar nicht anwesend, ins Ohr: »Graf Visconti ist hier.« Dann blickt er mich kalt und distanziert an – eine Sekunde lang. Gleich darauf verändert sich alles von Neuem: In seinem Gesicht bricht Glückseligkeit aus. Er reckt die Arme gen Himmel, die Handflächen nach vorn: »Ich weiß von gar nichts!« Ich, der grobe Trottel aus Norditalien, lächele ihm zu, um ihm zu bedeuten, dass ich verstanden habe. Aber er lässt nicht locker, bleibt so stehen, die Arme gen Himmel erhoben, um sich von allem zu distanzieren, sich ahnungslos, unschuldig, wehrlos, stumm und blind zu geben: »Ich weiß von gar nichts!«

Nun gut. Ich betrete die hochelegante Lobby. Die Nachforschungen beginnen. Wie üblich laufen arme neapolitanische Hoteldiener aufgescheucht hin und her, ohne je einen Treffer zu landen, sie reißen sich beide Beine aus und bringen doch nichts zustande. Immer wieder müssen sie einen traurigen Schlusspunkt setzen, indem sie den Kopf nach hinten werfen, das Kinn vorstrecken und mit den Lippen »Pft« machen, als küssten sie das Nichts, das verhängnisvolle Nichts, das Nein, das sie peinigt. Jedenfalls suche ich, angeführt von einem Hoteldiener, das ganze Hotel nach Visconti ab, denn in seinem Zimmer wurde angerufen und es kam keine Antwort. Ich suche und sehe: die Sportanlagen, den Pool, den feinen kleinen Strand, die Thermen … Ich kehre in die Lobby zurück. Nun geht ein Hoteldiener hinauf in Viscontis Zimmer. Ganz einfach: Visconti schläft. Die Köpfe kippen nach hinten, das Kinn hebt sich, der Mund macht »Pft«, vor dem Hintergrund eines der kultiviertesten Hotels von ganz Italien.

Ich nehme meine Fahrt wieder auf. Doch erlaube mir, lieber Leser, der du nie hier warst und gerne herkommen würdest, nun wirklich einmal schnell zu fahren. Forìo: Gassenjungen und Sonne, blendendes Weiß. Das Innere der Insel ist ungestalt, der Monte Epomeo eine dunkle Masse. In Panza werden gerade Lichter aufgehängt, Bögen mit Lämpchen zwischen den Hütten eines Dorfs ohne Urlauber, eines Beduinennests. Auf jedem Mäuerchen liegt jemand und schläft, alle haben Zigeunergesichter. Und dann ist da Sant'Angelo, abgeschieden, völlig aus der Welt. Die Straße endet hier, wird zu einem staubigen Pfad. Auf einer kleinen Fläche aus grellem Staub ein Parkplatz mit glühenden Autos. Unter dem Felsvorsprung eine Landzunge aus Sand, darauf eine Anhäufung kleiner Häuser. Am Ende dieses Ausläufers ein Massiv, ein unzugängliches kleines Monstrum aus Klippen und Felsen mit einem Turm auf der Spitze. Die Häuschen von Sant'Angelo wurden geräumt, entleert bis auf ihre Schale: Im Inneren gibt es entzückende, behagliche Pensionen ganz in Rot, Büros des italienischen Fremdenverkehrsamts, kleine Restaurants. Ich gehe über die sandige Landzunge, wo es von kleinen arabischen Jungen wimmelt. Über den gleißenden Stein erreiche ich das Massiv, die Anlegestelle. Ich möchte baden, wo es sonst niemand tut. Über eine höllisch steile Wand klettere ich in schwindelerregende Höhen. Die Sonne zürnt. Ich höre Schreie. Hinter einer kalkigen Felsnase sehe ich zwei kleine Mädchen neben einem Durchschlupf. Sie sind erschrocken, schreien aus voller Kehle. Ein Schwein schlüpft aus dem Loch, dann ein zweites, sie grunzen wie verrückt. Die schmutzigen Tiere stürzen sich auf einen Bottich mit dünner Brühe, fahren wie zuckende Blasebälge zwischen die Beine der Mädchen und verschlingen deren Sachen.

Zwischen Zinnen und Fialen aus Felsgestein krieche ich auf allen vieren hinunter zum Meer und erreiche die Einsiedelei. Ich schwimme hinaus, allein in einem Licht, das wie eine zentnerschwere Decke auf dem Meer liegt.

Abenddämmerung in Casamicciola: Ich bereite mich auf die Abfahrt mit der Sechs-Uhr-Fähre vor. Doch auf Plakaten habe ich gesehen, dass es am Abend eine Preisverleihung im Grand Hotel Il Saraceno gibt. Den besten

Theater- und Filmschauspielern werden »Eiffeltürme« (sic!) verliehen. Um fünf Uhr sollen sie ankommen. Die Pflicht ruft, ich muss sie interviewen. Ich setze mich in ein Café, und während ich auf sie warte, bereite ich Fragen vor. Frage an Lorella De Luca: »Leute mit Geschmack sehen in Ihnen und der Panaro inzwischen Symbolfiguren für rosaroten Kitsch, affektiertes Getue und so weiter und so fort. Was sagen Sie dazu?« (Wahrscheinlich wird sie die Frage nicht verstehen). Frage an die Panaro: »Idem. Würden Sie nicht lieber anspruchsvollere Rollen übernehmen?« (Wahrscheinlich wird sie bejahen.) Frage an Maurizio Arena: »In meinem letzten Drehbuch, *La notte brava**, hatte ich Ihnen die Rolle des Scintillane auf den Leib geschrieben. Stattdessen wurde sie mit dem französischen Schauspieler Brialy besetzt. Wie lautet Ihr Kommentar dazu?« Frage an Fausto Tozzi: »Als du mich gebeten hast, an *Un uomo facile* mitzuarbeiten, habe ich an deiner Be-

**La notte brava*: Das Drehbuch basiert auf Pasolinis Roman *Ragazzi di vita*.

arbeitung all das kritisiert, was dem Film später tatsächlich vorgeworfen wurde. Was sagst du jetzt, im Nachhinein, dazu?« (Wahrscheinlich wird er nicht zugeben, dass ich recht hatte.) Während ich noch über Fragen an Leopoldo Trieste, Amedeo Nazzari, an Mitri, Manfredi, die Monlaur und die Theaterschauspieler nachdenke, blicke ich hoch und sehe auf der Mole von Casamicciola, allein, vor einem Heer von Motorkutschen, Luchino Visconti.

Ich stehe auf und rufe ihn, während ich auf ihn zugehe. Er dreht sich um: »Man hat mir gesagt, dass Pratolini nach mir sucht!«, ruft er aus. Nach tagelangem Schweigen rede ich endlich ein wenig. Ringsumher herrscht Feststimmung, am Horizont taucht die Fähre auf. »Da kommt das Schiff der Komödianten!«, erklärt Visconti. Doch sobald es nah genug ist, sagt ihm der geübte Blick des Regisseurs, der es gewohnt ist, auf die Präzision der Choreographie zu achten, dass etwas nicht stimmt: »Sie sind es nicht«, ruft er aus, die Fähre beobachtend. Tatsächlich sind sie nicht dabei. Sie kommen erst mit der nächsten Fähre, zehn Minuten bevor ich abreise. Addio, Interviews.

Visconti führt mich ein wenig durch Ischia. »Ich war einer der Ersten, die die Insel entdeckt haben«, sagt er. »Seit vierzehn Jahren komme ich hierher!« Darauf ist er stolz. Und er hat recht. Ischia ist ein lieblicher Ort, wo es sich vollkommen ohne Mühe leben lässt.

Wir gehen wieder runter zum Hafen. Das Wasser und die Luft sind ein bisschen grauer geworden, da kommt die zweite Fähre. »Diesmal sind sie dabei«, sieht Visconti wieder richtig voraus.

Die wartende Menge drängt sich auf der Mole zusammen. Da kommen sie! Lorella De Luca, die Ärmste, wie ein Lämmchen, eine Ähre im Sturm, Lello Bersani, Patroni Griffi, ruhig und entgegenkommend wie immer, er küsst Visconti … Das ist Franca Valeri in einem prächtigen grünen Kleid, in dem sie fast wie ein Quadrat aussieht, mit dem Lächeln einer etruskischen Statue und zwei riesigen Zitronen in der Hand.

Gasse auf Capri

EBERHARD & CO
da Giusy
RESTAURANT
e PIZZERIA
da GIUSEPPINA
GIÀ COSTANTINA
BAR
GIOIE
BIJOUX
JEWELS
SCHMUCK
BAR
BAR

CAPRI

JULI

Sonntag. Die Fähre ist mit frevelnden Touristen beladen. Umgeben von einer Schar Geschäftsmänner aus Latina, verteidigen ein englischer Herr mit kariertem Jackett und Khaki-Mütze, seine Gattin und sein grau gekleideter Freund ihren Anspruch auf ein Stück Sitzbank am Bug, derweil sie mit den Fingern Huhn und Brot essen, sich die Hände fettig machen und mit wurstdicken Fingern in der Nase bohren.

Capri ist erobert. Anacapri, weiter oben, bewahrt seinen Frieden: einen Frieden der Marktstände und Souvenirläden.

Zur Blauen Grotte – ich dachte, ich könnte sie zu Fuß erreichen – gelange ich mit einem Kleinlaster. Man steigt über eine ungeheuer hohe, steil abfallende Klippe hinab. Da unten ist die Öffnung. Neugierig klettere ich tiefer. Der Leser nach meinem Geschmack will sicher alles genau wissen. Ich werde ihn nicht enttäuschen. Das Loch zur Blauen Grotte liegt verborgen an irgendeiner Stelle der Steilwand. Man steigt eine kleine Treppe hinunter, an

Boote mit Touristen vor der Grotta Azzurra;
gegenüber: Touristen am Pier zur Grotta Azzurra

*Der kretische König *Minos* wurde nach seinem Tod Richter über die Unterwelt.

deren Ende Minos* steht: Er blickt einen schweigend an. Auf dem Wasser vor der Grotte kreuzen Bötchen, jedes mit eigenem Bootsführer. So ein Boot zu mieten ist sehr kompliziert, denn es gibt ein ausgeklügeltes System von Hierarchien, von Camorra-Privilegien. Wenn zum Beispiel die Fähre nach Marina Grande ankommt, muss man sie über eines dieser Bötchen ein paar Meter weiter vorne besteigen. Da aber einer der Bootsführer das – vielleicht ererbte – Vorrecht hat, die Gäste selbst mit seinem Boot nach Marina Grande zu bringen, wird keiner seiner Kollegen dich aus seinem Boot in die Fähre umsteigen lassen, bevor der Privilegierte nicht stillschweigend seine Erlaubnis gibt (woran man die erkennt, weiß ich nicht, vielleicht an seinem Blick oder einem geheimnisvollen Zeichen mit den Ruderblättern). Ist er aber gerade in der Grotte oder nicht da, schreist du dir vergeblich die Seele aus dem Leib, um die anderen Bootsführer auf dich aufmerksam zu machen. Sie hören dich nicht. Sie nehmen dich überhaupt nicht wahr. Mit listigen, pfäffischen Gesichtern fahren sie auf und ab und stellen sich taub. Unterdessen kann die Fähre nach Marina Grande ruhig abfahren, sie wissen von gar nichts.

Bekanntlich fährt man durch eine enge Öffnung in die Blaue Grotte hinein, darum müssen sich die Passagiere im Heck auf den Boden legen, damit sie sich an den Felsen nicht den Kopf stoßen. Das Innere ist eine Enttäuschung und eine Entdeckung zugleich: Nichts ist je so schön, wie man es erwartet, und doch ist alles schöner, als man es je erwartet hätte. Die Grotte ist so groß wie eine riesige Kuppel, fünf oder sechs Boote können gleichzeitig darin kreisen. Und das Wunderbare ist, dass man den Eindruck hat, über eine schwebende Scheibe aus Licht zu gleiten, die höher liegt als der Meeresspiegel vor der Höhle, und das gebrochene Sonnenlicht taucht sie von unten in einen harten, blaugrünen Quecksilberschimmer.

VON NEAPEL NACH VALLO LUCANO

JULI

Welch ein Rausch, am frühen Morgen in Neapel loszufahren, in einer himmelblauen Luft, bei der dir das Herz aufgeht. Du verlässt die Via Caracciolo, nimmst die Straße, die am Hafen entlangführt, die Via della Calabria, und kommst durch ein Viertel, wo noch die Bourbonen herrschen und jeder das Gesicht eines Pulcinella hat. Über den endlosen Kulissen aus hässlichen ockerbraunen, erdfarbenen Häusern einer Peripherie ohne Industrien, ohne Straßen, ohne gar nichts, die als Wohnviertel für den Plebs entstanden ist, hängen schier unglaubliche Gerüche: aufgeweichtes Stroh und Süßholz, Abwässer und Zitrusgewächse. Für uns sind es Gerüche, die eine längst vergangene Zivilisation überdauert haben, doch für den, der hier lebt, ist sie noch absolut gegenwärtig.

Am Ende der Autobahn, in Castellammare, stürzt der Vesuv auf dich herab: ein grauenhaftes, unförmiges Gespenst im Gegenlicht.
Ich fahre an der Küste entlang, die Boccaccio vor siebenhundert Jahren in einer seiner Novellen als die schönste Küste der Welt bezeichnet hat. Das ist sie wirklich. Im Bann der Sonne ist sie jahrhundertelang unverändert geblieben und verströmt auf greifbare, materielle Weise Schönheit, als sondere sie Schönheit ab wie Speichel, wie einen Schein, ein Strahlen. Das gibt es nirgendwo sonst auf der Welt: Hier erzeugt die Schönheit unmittelbar Reichtum. Die Menschen leben in einer Art unbesorgtem Wohlstand, indem sie die Schönheit für sich arbeiten lassen.
In Sorrent herrscht vor allem tiefe Ruhe, eine gigantische Ruhe. Das »Surriento« der Lieder erkenne ich hier nicht wieder: Neapel ist unendlich weit weg von diesem prachtvollen Aufgebot an Pensionen und großen Hotels, die hier in der Sonne dösen, in der tiefen Ruhe.
Dann taucht Amalfi auf, am Ende der kurvenreichen Straße des Boccaccio, über dem wie so häufig von einem südlichen Gewitter verschleierten Meer. Ich halte einen Moment lang an: Ein Blick genügt, um das ganze Städtchen zu erfassen, das sich im Halbrund um den Hafen erstreckt. Weiß, von jahrhundertelanger Vergessenheit entvölkert, ist die große Stadt, die es einst war, zu einem bescheidenen Flecken geworden und dennoch glücklich.
Ich muss weitereilen, noch vor Anbruch der Nacht Ravello erreichen. Aus einem ganz einfachen Grund: Ravello ist der Ort von Greta Garbo*.
Ich verlasse die Küstenstraße und fahre steil bergan über sattgrüne Hügel voller Lauben, Weingärten und Feigenkakteen. Da, auf der linken Seite, liegt Scala, und nach einer letzten, schwindelerregenden Kurve eine kleine Piazza mit einem maurischen Brunnen: Ich bin in Ravello.
Von jetzt an mache ich alles falsch. Gewöhnlich ahne ich sofort, wohin ich gehen muss, doch jetzt schlage ich die Straße zu meiner Linken statt zur Rechten ein, nachdem ich das Auto am Brunnen abgestellt habe. Ich spaziere durch ein unnahbares Dorf, das wie eine Schlange auf

* *Greta Garbo* zog sich 1938 mit ihrem Geliebten Leopold Stokowsky in die Villa Cimbrone in Ravello zurück.

dem schmalen Bergrücken dahinkriecht. Dennoch strahlt alles ringsum etwas Edles, Geheimnisvolles aus. Ich spüre, mich erwarten Überraschungen. Am Ende des lang gezogenen Dorfs angekommen, frage ich einige Frauen, die auf den bröckelnden Stufen ihrer armseligen Häuser sitzen: »Wo sind denn die Hotels?« – »Hier sind keine!«, entgegnen sie verlegen, bedauernd, sanftmütig. »Die sind auf der anderen Seite!« Im Laufschritt gehe ich die lange Straße zurück, komme wieder am Brunnen vorbei und betrete das eigentliche Dorf auf der anderen Seite. Dort habe ich die zwei schönsten Stunden der ganzen Reise verbracht, fraglos gehören sie zu den schönsten meines Lebens.
Inzwischen geht die Sonne schon fast unter, noch streift das helle starke Licht die Gipfel der dicht bewachsenen Hügel, ungetrübt, scharf umrissen, kristallklar und doch voll schlichter Zartheit.
Auf den Straßen ist fast niemand, nur die Menschen, die man in echten Dörfern auf der ganzen Welt an späten Sommernachmittagen sieht: Jungen, die nach dem Katechismus allein heimkehren, Frauen, die von der Arbeit kommen. Und alle Straßen sind sauber, gut gepflastert, würdevoll, wie im feinsten Dorf der Lombardei oder Venetiens. Kleine Barockpalazzi aus dem achtzehnten Jahrhundert von einer noch nie gesehenen Unaufdringlichkeit und Eleganz säumen die Straßen. Manchmal bricht die Reihe der Häuser ab, dazwischen ein Mäuerchen, über das man in Abgründe aus warmem Grün blickt.
Alles ist voller Kirchen und Klöster: das Kloster Santa Chiara, die Kirche von San Francesco, das Sanktuarium der Heiligen Kosmas und Damian – es ist eine fromme Stadt, ein kleines, vergessenes Assisi.
Ich sehe einen jungen, rotgesichtigen Mönch, der eilig die Stufen der Straße herabläuft, zwischen zwei Mäuerchen, die über dem Nichts schweben. Ich rufe ihm hinterher, frage ihn fast besorgt, warum um alles in der Welt so viele Kirchen in einem so kleinen Ort stehen. Er antwortet mir in einem groben, schweren Neapolitanisch: »Früher mal gab's hier viel Volks!« Und verschwindet hinter einem Eingangstor in jenem schlichten Barock, den man in kleinen Orten findet.

Strand von Bagnara Calabra

Ravello liegt auf einem Felssporn, der über dem Nichts schwebt, und tief unter ihm erstrecken sich Hügel mit steil zum Meer abfallenden Hängen. Doch das erkennst du erst, wenn du schließlich zur Villa Cimbrone kommst, die den höchsten Punkt von Ravello bildet. Am Ende der Straße stehst du vor einem kleinen Tor, du gehst hindurch und schreist unwillkürlich staunend auf: Gleich zu deiner Linken ein herrlicher Kreuzgang, dann ein entzückendes kleines Gebäude, und vor dir läuft eine Allee durch einen märchenhaft neoklassischen Garten, um schlagartig am Himmel zu enden.

Ich gehe in die Krypta und gerate in Verzückung vor einem Della Robbia, vor anonymen Basreliefs aus dem frühen fünfzehnten Jahrhundert mit den Sieben Todsünden und neun großartigen normannischen Kriegern. Ich steige noch tiefer, eine kleine Treppe führt mich in eine Apsis mit einem gotischen Säulenwald wie in meiner Heimat. Doch an der Vorderseite ist sie offen, und da ist der Abgrund, die Leere, das Meer. Verloren steht ein alter hölzerner Kirchenstuhl zwischen den Säulen, ich setze mich. Mich umgibt ein so tiefer Frieden, dass ich hier sterben, auf diese sanfte Weise mein Leben beenden möchte. Doch ich stehe wieder auf, eile nach oben in den Garten, laufe durch die Allee mit ihrem berauschenden Duft und erreiche schließlich die Terrasse, die mit einer Reihe edler Marmorköpfe und einer kleinen Brüstung mitten im Himmel schwebt. Ein paar Touristen sind da, wie von Sinnen vor Begeisterung. Im Grunde ist dies eine jener Situationen, die sich nicht so ohne weiteres beschreiben lassen: Der ganze Golf von Amalfi bis Salerno liegt dir zu Füßen und du fliegst.

Ich knüpfe wieder verloren geglaubte Verbindungen zum großen Italien des Christentums und der Stadtstaaten – keinem Bourbonen ist es je gelungen, ihm diesen Geist auszutreiben.

Wie D. H. Lawrence, der ebenfalls hier sterben wollte, an allzu großer Stille, schaffe ich es nicht, mich von diesem Fleck Himmel zu lösen: Der Ort ist für Verzückung wie geschaffen.

Aber ich fahre wieder hinab, und schon bin ich in Minori. Zwei Mädchen am Straßenrand wollen mitgenommen werden, ich lasse sie einsteigen. Sie haben sich hübsch gemacht, tragen festliche Kleidung. Die dunkelhaarige, sie hat schon das Gesicht ihrer Mama, sagt: »Mama und die Tante haben das Auto genommen, wir gehen zu Fuß.« – »Und wohin?«, frage ich. »Nach Maiori. Da ist ein Fest.« – »Wird auch getanzt?«, frage ich arglistig. »Oooh nein!« »Was passiert dann?« – »Man feiert einfach so …« – »Wie heißt ihr?« – »Ich heiße Lina, und das ist Drusiana.« Drusiana sieht auf und lächelt, ihr Gesicht ist nicht schön, aber das eines noch nicht geschlechtsreifen Mädchens und darum das einer Heiligen. »Kommen viele Urlauber hierher?«, frage ich. »Oh ja«, sagt Lina, »sehr viele. Aber dieses Jahr etwas weniger …« – »Und warum?« – »Weil die Preise so hoch sind, sagen sie!« – »Und welche Urlauber sind dir die liebsten?«, frage ich. »Die Römer!«, antwortet

Lina prompt. »Ich mag es, wie sie sprechen. Sie sind hässlich, aber sie gefallen mir trotzdem!«

Da ist Maiori: Auf der Uferpromenade im letzten Sonnenlicht tummeln sich schöne, glückliche Menschen. Plötzlich zerreißt ein entsetzliches Krachen die friedliche Atmosphäre. Das Feuerwerk beginnt. Auch ihr seid zu bedauern, arme Bourbonen …

Salerno (wohin ich zurückkehren werde, bestimmt!), und dann die Nacht. Paestum, Agropoli, ich überlege, ob ich an der Straße übernachten soll, damit ich morgen früh in Maratea bin. Doch in den wenigen kleinen Orten finden sich keine Hotels. Die Nacht verstreicht. Ich fühle mich immer einsamer: Im Süden ist die Nacht noch genauso wie vor Jahrhunderten. Ich setze meine Hoffnung auf Vallo Lucano, wo ich todmüde um zwei Uhr nachts ankomme. Der Ort ist groß, macht einen wohlhabenden Eindruck, als würden in den kleinen, durchaus pompösen Palazzi aus dem siebzehnten und achtzehnten Jahrhundert Adelige wohnen. Durch dieses leere Bühnenbild kreise ich wie ein Verrückter, ohne eine Menschenseele oder den Hinweis auf ein Hotel zu entdecken. Ich verzweifle schier. Dann sehe ich ein Schild: »Gasthaus«. In einer Gasse wie aus einem Albtraum. Eine erleuchtete Backstube. Hier frage ich nach. Ein armer Teufel kommt heraus und fängt an, wie ein Irrer nach dem Besitzer des Gasthauses zu rufen. Niemand antwortet. Darauf erklärt er mir fast verängstigt, dass es doch ein Hotel gibt, es heißt Risorgimento. Ich eile dorthin: Es ist ein großes Gebäude in einem vornehmen, fast prunkvollen Baustil, alles ist dunkel. Ich klingele immer wieder. Nichts. Ich gehe hinein. Die Türen sind unverschlossen, ich drehe an Lichtschaltern, aber nirgendwo geht ein Licht an: Finsternis in allen Fluren und Zimmern. Von Entsetzen gepackt laufe ich wieder nach unten und kehre zu dem Bäcker zurück. Jetzt lässt er seine Arbeit stehen und bringt mich zu einem anderen Gasthaus. Auch hier Treppen, hohe Decken, weiße Gewölbe, hier und da von einem Lämpchen erhellt. Der Bäcker geht durch eine Tür, ich folge ihm. Ich stehe in einem schmutzigen Vorraum – ein Schreibtisch, daneben eine Pritsche,

Vor einer Bar in Bagnara Calabra

BAR

auf der sich ein alter Mann mit noch jungenhaftem Gesicht schlaftrunken aufrichtet. Er bleibt stumm, hebt nur den Kopf wie die Pferde, wenn sie Fliegen vertreiben, und bewegt die Lippen wie zum Kuss. Dann sagt er, nein, es gibt keine Zimmer, nein, nein.
Ich gehe hinaus, steige wieder ins Auto, verliere mich in diesen entsetzlichen menschenleeren Stunden in den Bergen.

MARATEA

JULI

Maratea. Maratea. Ein magischer Name, der argwöhnisch und sehnsüchtig macht, wie alle Modeerscheinungen, bei denen man nicht zu spät kommen, andererseits eigentlich gar nicht dabei sein will. Von Maratea sagt man mit ironischem Unterton – andächtig –, es sei die jüngste große, geheimnisvolle Entdeckung der Mailänder Industriellen.
Und tatsächlich dachte ich, als ich Sapri mit seinem bescheidenen kleinen Strand für anspruchslose Bürger hinter mir ließ und auf die kalabrische Halbinsel zufuhr: »Alle Achtung, diese Mailänder Industriellen!«
Denn sonst gibt es an der Küste nichts, was gemeinhin als schön gilt, nicht einmal auf Boccaccios Spuren: Die Küste ist einfach unglaublich. Noch nie habe ich so viel Perfektion gesehen: Zerklüftet von reißenden Wildbächen – dem Mezzanotte, dem Malcanale … – stürzt ein riesiger Steilhang, grau, felsig, von Büscheln im immer gleichen Grün übersät, schroff ins Meer. Es ist das gleiche Muster wie in Sorrent und Amalfi, doch hier ist es von einer realen, quälenden Hölle bewohnt, und das Ergebnis ist umwerfend.
Zunächst aber ist Maratea eine sehr viel lieblichere Oase: Es gibt dort Wäldchen, und die Küste endet sehr viel sanfter im Meer. Auf einer großen Rasenfläche, fast sieht sie wie ein Englischer Garten aus, steht das berühmte Luxushotel der Industriellen. Doch, es ist schön, aber ich langweile mich darin.
Ich mache mich wieder auf den Weg, verirre mich in den vielen Kalabrien, immer ist da noch ein Kalabrien, und noch eins, bis bei Mileto, bei Palmi, Sizilien beginnt.

Traditionelle Schwertfischjagd vor Kalabrien

VON VILLA SAN GIOVANNI BIS SYRAKUS

JULI

Ich habe immer gedacht und gesagt, dass Rom die Stadt ist, in der ich leben möchte, gefolgt von Ferrara und Livorno. Aber da kannte ich Reggio, Catania und Syrakus noch nicht. Ohne Zweifel, ohne jeden Zweifel, würde ich hier gerne leben: leben und sterben, nicht an der Stille, wie Lawrence in Ravello, sondern an der Freude.

Trotz einiger prächtiger Ecken und Straßenzüge, eines Barocks, der aus Fleisch gemacht scheint, trotz der Kathedralen von unerhörter, beinahe überladener Üppigkeit, sind es keine schönen Städte: Sie scheinen stets gerade erst wieder aufgebaut worden zu sein, nach einem Erdbeben, nach einem Seebeben, alles ist provisorisch, baufällig, schäbig, unfertig. Und so weiß ich nicht zu sagen, worin ihr Zauber liegt: Ich müsste viele Jahre hier leben. Allerdings ist es keine Frage, dass hier zu finden ist, was man sich über den Süden erzählt. Und es ist sehr gefährlich: Ohne weiteres könnte man hier zu den Ansichten eines D'Annunzio, eines Gide gelangen. Es ist auch keineswegs ein Gerücht, dass hier Orangen und Zitronen, Süßholz und Papyrus duften. Ich lasse Taormina vorbeiziehen, das fraglos von unwirklicher Schönheit ist (wo ich mich jedoch, wie in Positano und Maratea, nicht wohlgefühlt habe). Ich kann aber bestätigen, dass einem die Fahrt von Messina nach Syrakus den Verstand rauben kann.

Ich sage das so dahin, als Tourist. Ginge man einer derart spontanen Verliebtheit nach, lernte man diese Orte nicht nur mit den Augen und der Nase kennen, würde sich sicher herausstellen, dass es dafür echte und tiefere Gründe gibt.

Aber meine Reise zieht mich nach Süden, immer weiter nach Süden, wie in süßem Zwang, ich muss weiterfahren, ohne mich ablenken zu lassen.

Ich lasse die riesigen Strandbäder Catanias hinter mir, es ist Nacht, als ich Lentini erreiche. Zum Abendessen gehe ich hinunter, doch nehmen mich dort der Duft der Zitronen, ein Mond, größer als ich ihn jemals gesehen habe, und Leute, die sich unbedingt mit mir unterhalten wollen,

Fischhändler in Palermo

gefangen. Bis nach Mitternacht kann ich mich nicht dazu durchringen, mich von meinen neuen Freunden zu trennen, und sie verabschieden sich von mir, als würden wir uns seit Jahren kennen, einer sagt in sizilianischem Dialekt: »Ein gutes Herz haben Sie.« Nur weil ich mich ein bisschen mit ihnen unterhalten habe, über ihre Sorgen und ihre Zukunft.

In einer unendlichen Nacht rase ich allein über die Berge zwischen Lentini und Syrakus. Nachts ist man wirklich ganz allein. Über vierzig Kilometer lang begegne ich keinem Menschen, keinem Auto, keinem Licht. Der warme Wind, der mir entgegenschlägt, kommt direkt aus Afrika, und die Berge ringsum sind ein einziger lückenloser Wald aus mediterranen Pflanzen.

An einer Gabelung halte ich in schneller Fahrt auf die Wegweiser zu, um den nach Syrakus auszumachen. Ich bremse ab und spüre eine Art Knall unter meinem Fuß, das Bremsseil ist gerissen. Ich empfinde, was man empfindet, wenn man im nächsten Moment sterben wird. Aber ich habe Glück, an dieser Stelle geht es einigermaßen geradeaus und die Straße ist nicht sehr abschüssig, ich schaffe es irgendwie, zu bremsen. Ich komme zum Stehen. Mitten in der Nacht, allein, unter dem Mond, der nun schon hinter den Wäldchen aus Mandelbäumen und Johannisbrot untergeht.

Vor mir flackern Lichter in der Ferne, Augusta, und weiter hinten die von Syrakus. Ich fahre wieder an, fahre mit zwanzig Stundenkilometern, ganz langsam erreiche ich den Fuß der Berge und etwa dreizehn Kilometer vor Syrakus einen Ort über dem Meer, der Asmara* ähnelt: Priolo Gargallo. Eine Bäckerei ist geöffnet, ich rufe hinein. Ein junger Bäcker kommt heraus, lässt seine Arbeit stehen und beginnt mir mit einem Elan zu helfen, der mir die Sprache verschlägt. Wie ein Verrückter schiebt er den Wagen an, trägt meine Koffer zu einem kleinen, nicht ausgeschilderten Hotel und ruft nach dem Wirt. Der ist nicht da, stattdessen taucht ein Deutscher in Unterhosen auf, der ganz verschlafen nichts anderes als immer wieder »Siii, siii!« sagt, beinahe singt er es, und er will sagen, ja doch, der

**Asmara*, die Hauptstadt von Eritrea, wurde 1889 von den Italienern besetzt und im Jahr 1900 zur Hauptstadt der italienischen Kolonie Eritrea. Das heutige Stadtzentrum ist zum größten Teil in den 1930er-Jahren unter italienischer Herrschaft entstanden.

Padrone schläft, alles ist geschlossen, *siii, siii*. Der junge Bäcker läuft einen Freund holen, der einen Fiat Seicento besitzt. Er wird mich nach Syrakus bringen. Ich streife durch die halbe Stadt, alles ist leer, wunderbar kahl, neu. Ich mache es mir im Jolly* bequem: Wie ein kleiner Junge kann ich es kaum erwarten, dass der morgige Tag beginnt. Beeil dich, Nacht, geh schnell vorbei!

**Jolly* wurde der Fiat Seicento genannt.

SYRAKUS

JULI

Und schon fahre ich durch Syrakus. Prompt stoße ich auf die Fonte Aretusa, sie liegt am Hafen, einem himmelblauen Hafen, seicht wie eine Lagune. An der kleinen Strandpromenade steht ein Bauwerk aus dem sechzehnten Jahrhundert, von erlesener Eleganz, rund, eine Art Brunnen, darin Schwäne, Fische und Papyrusstauden. Die Sonne brennt bereits, aber das Wasser verströmt idyllische Kühle. Vor mir, entlang den hohen Promenadenmauern, badet auf den Hafenmolen schon ein kleiner Trupp von *carusi*, von *triacusi*, wie man hier die Straßenjungen aus den Armenvierteln nennt. Ich drehe mich um, und zufällig entdecke ich hinter mir am Hotel des Étrangers ein Plakat, das Shakespeares *Wintermärchen* in den Latomie** ankündigt, und erkenne unter den anderen sofort Adrianas Namen, Adriana Asti.

***Latomie* heißen die antiken Steinbrüche von Syrakus, die in unmittelbarer Nähe des Theaterbezirks liegen und aus denen die Stadt Baumaterial gewann. Beim Abbau entstanden gewaltige Höhlen.

Überglücklich beginne ich nach ihr zu suchen. Mit ein paar raschen Erkundigungen mache ich ihren Aufenthaltsort ausfindig und fahre sofort zur Villa Politi, einem reizenden Jugendstilbau ein wenig außerhalb der Stadt in der Nähe der Latomie.

In der Eingangshalle, zwischen den schönen Schauspielerinnen des Ensembles, die wunderschöne Edmonda Aldini. Adriana kleidet sich gerade an. Ich stelle mir ihren Freudenschrei vor, bevor sie dem Hoteldiener sagt, sie käme sofort hinunter. Und da ist sie, in einem beigefarbenen Blüschen und weißer Hose, mit riesigen Augen, größer als sie selbst, weshalb das Näschen und das Kinn, so klein sie auch sind, keinen Platz in ihrem Gesicht finden. Unter lauten Rufen umarmen wir uns, steigen ins Auto, und weg sind wir, über dem Meer von Syrakus.

»Weißt du, es ist herrlich hier! Ich werde nicht wieder fortgehen«, erklärt mir Adriana, »ich lasse mich von einem sizilianischen Baron entführen, zu Dutzenden haben sie mich in Palermo umschwärmt!«

»Und hier, in Catania und Syrakus, ist es sogar noch besser«, erkläre ich ihr, »nicht wahr, es gibt keine Mafia, es gibt kein Blut, es gibt weniger Armut …«

Wir drehen uns mehrmals im Kreis, um aus der Stadt herauszufinden, was sehr schwierig ist, aber schließlich sausen wir am anderen Ufer der Lagune entlang, ein flaches Ufer, weiß, kahl, unglaublich.

»Lass uns irgendwohin fahren, wo Tempel am Wasser stehen, Säulen, wenigstens Papyrusstauden …«, ruft Adriana. Fröhlich lachend beichten wir Ästheten uns gegenseitig unsere schrecklichen Schwächen. Unter uns können wir darüber sprechen, aber es ist abgemacht, dass keiner etwas davon nach außen trägt. Wir landen an einem kleinen Strand, der uns als der beste empfohlen wurde, tatsächlich aber furchtbar ist: Es ist der Strand der armen gutbürgerlichen Syrakuser. Alle schauen nach Adriana, fast nackt in ihrem Zweiteiler. Jungen, Männer, Frauen. Adriana liebkost ein kleines Mädchen, das umgehend Freundschaft mit ihr schließt. Aber da taucht hinter dem Mädchen die Mutter auf: »Ich bin die Mutter von Beatrice«, erklärt sie großspurig, die arme tausendste Bovary von Syrakus, und dann, zu Beatrice: »Na, hast du schon wieder eine Eroberung gemacht?« Wir sind mittendrin in einer weltgewandten Unterhaltung. Hinter der dünnen Signora weitere Damen, die sich eine nach der anderen vorstellen, in sehr steifer und im Grunde sehr bescheidener Haltung. Sie freuen sich, mit der Schauspielerin sprechen zu dürfen. Sie setzen sich ringsum in den Sand Dantes, man kommt ins Gespräch: über die Tempel, die Amphitheater, das Orecchio di Dioniso*, alles wirklich »inspirierende« Dinge, wie eine vierte Dame sagt. Sie stammt aus einer älteren Generation und ist daher auf unberechenbare Art ruppiger. Ich muss Adriana retten. Ich erinnere sie daran, dass

***Orecchio di Dioniso*: Das »Ohr des Dionysos« ist eine der Höhlen in den Latomie, in der selbst die kleinsten Geräusche aus größerer Entfernung zu hören sind. Der Tyrann Dionysos soll hier die geflüsterten Worte seiner Gefangenen erlauscht haben.

wir baden sollten. Wir fahren mit dem Boot raus aufs Meer, ein grässliches Boot aus – ihr werdet es nicht glauben – Plastik. In dieser Gegend ziehen offenbar Haie ihre Kreise. »Dieses Wasser macht mich ganz verrückt!«, ruft Adriana und reißt ihre veilchenblauen Augen auf, den Blick aufs Wasser, das wie Zucker, wie Honig, ein Göttertrank ist.
Dann lassen wir Arenella und seine Anwaltsfamilien hinter uns und fahren durch die Gegend: Ganz ohne Absicht fließt uns der Anapo über den Weg. Undenkbar, dass wir uns das entgehen lassen. Wir schlagen eine kleine staubige Straße ein, die an einem scharf riechenden Süßholzfeld entlangführt, und dann, gesäumt von einer Reihe Oliven, Johannesbrot und Feigenkakteen, ist da der Anapo, der warm und grün dahinfließt, schwer hängen Papyrusstauden in der Strömung. »Papyrus, Papyrus!«, ruft Adriana freudig. »Den gibt es nur in Ägypten und hier, kannst du dir das vorstellen?« Ein vorbeikommender Junge hört sie, und, nein, ich übertreibe bestimmt nicht, er hat wirklich ein Gesicht aus der Antike, ich weiß nicht genau, ob phönizisch, alexandrinisch oder das eines römischen Schreibers, und diese kantigen Schultern, wie man sie nur auf Vasenmalereien findet. Der Junge läuft ohne ein Wort hinab ans tiefgrüne Ufer des Anapo und rupft drei lange Papyrushalme mit ihrem Schopf aus feinen grünen Fransen heraus. Er reicht sie Adriana, die sie voller Freude entgegennimmt und in der Hand hält. Sie stehen ihr vorzüglich.

PACHINO

JULI

Weiter südlich geht es nicht. Ich fahre an Noto, an Avola vorbei. Ich erreiche Pachino, ein lebendiges Städtchen mit wunderbaren Menschen, aber ich bleibe nicht, ich fahre noch weiter nach Süden und komme nach Capo Passero: eine gelbe Landzunge mit einem weißen Leuchtturm, ringsum, über die Reihen bröckelnder Gartenmauern hinaus, ein Wald aus Feigenkakteen. Auch hier bleibe ich nicht: Ich fahre weiter hinunter, bis nach Porto Palo, ein

Eselkarawane auf Sizilien

klägliches Dörflein, das sich hinter die Landzunge duckt, wo sich rote Häuschen aneinanderreihen und das Abwasser in Rinnen quer über die Straßen fließt. Alle Leute sind draußen, und es sind die schönsten Menschen in ganz Italien, von reinster Abstammung, edel, stark und anmutig. Und noch immer halte ich nicht an: Ich erreiche den winzigen Hafen von Porto Palo, wo die Straße an einer kleinen Ufermauer endet, links unter einer gelben Felskante ein Dutzend morsche Schiffe, rechts ein kleiner Strand, den Feigenkakteen wie Denkmäler krönen. Und noch immer bleibe ich nicht. Da vorn gibt es eine kleine Insel, nichts als Sand und Feigenkakteen, mit einem barocken Turm. Ich frage einen der jungen Männer, die wie immer auf dem Mäuerchen sitzen: »Kannst du mich auf die Insel bringen? Wie heißt sie?« – »Insel von Porto Palo«, antwortet er verblüfft, vielleicht weil die Insel für ihn gar keinen Namen hat. Er steigt ins Boot, und langsam rudernd überquert er den kleinen Meeresarm, den das schwächer werdende Licht in dunkles Blau und Rosa taucht. Wir landen auf der Insel, unter dem Turm, und fast schon umgeben vom milden, duftenden Schatten der Nacht bade ich am ärmsten und entlegensten Strand Italiens.

VON TARENT BIS LAZZARETTO

JULI

Ich denke, in Italien gibt es nur wenige, die jemals die ganze Küste zwischen Reggio und Tarent an einem Tag abgefahren sind. Jetzt, in Tarent angekommen, das über den beiden Meeren leuchtet wie ein riesiger zersplitterter Diamant, kommt es mir vor, als hätte ich die Fahrt geträumt.

Das Ionische Meer gehört nicht zum Mittelmeer. Es schreckt. Kaum war ich aus Reggio losgefahren – eine außergewöhnlich theatralische und eigentümliche Stadt von beklemmender Armut, wo man auf den langen, parallel zum Ufer verlaufenden Straßen Lastwagen mit Aufschriften wie »Gott steh uns bei!« sieht –, staunte ich über den Liebreiz, die Friedlichkeit und den Glanz der Dörfer

VIA
UDIENZA

La Gazzetta dello Sport
La 50ª Parigi Roubaix ci ridà Coppi
battuto sullo spunto da Rik Van Steenbergen
Juventus 47 Milan 42 Inter 39
Divertente!
ZUCCA
I. PITASSI
ZUCCA
Sport
Van Steenbergen - 2° Coppi
La Juve sul bianco a Lucca e l'Inter piegata a Como
IL COMO LIQUIDA L'INTER
KRANEBET

und der Küste. So ging es mir etwa bis Porto Salvo. Dann betritt man eine Welt, in der nichts mehr wiederzuerkennen ist. Es stimmt, ab und zu finden sich vertraute Winkel, wie ein Wunder taucht plötzlich strahlend der riesige, sanfte Strand von Soverato auf, elegant ist er, mit den leuchtend roten Kielen kleiner Boote, unter der drückenden Zwei-Uhr-Sonne (doch gleich darauf weht aus irgendeiner wunderbaren Bucht ein Wind über das Meer, der den Wagen umzukippen droht, und ein Bauer, alt wie ein alter Olivenbaum, der mit einer Amphore Wasser holt, beschwert sich bei dir über diesen Wind, über die ewige Böe: »Die ganze Ernte hat er uns verdorben dieses Jahr!«).

Dann führt die Straße vom Meer weg und in einen ganz und gar gelben Landstrich, wo die Hügel aussehen wie von Kafka erdachte Dünen. Der Sonnenuntergang taucht sie in blutiges Rosa. Bauern kehren zurück, auf Pferden oder mit alten, sehr langsamen Karren, über die höllisch heiße Straße, ohne einen Baum weit und breit. Ich fahre in Richtung Crotone, durch die Gegend um Cutro. In der hellen Sonne am Straßenrand zwei Männer, sie bedeuten mir, anzuhalten. Ich weiß, dass ich es nicht tun sollte, aber ich halte trotzdem. Die Neugier ist wie immer größer als die Vorsicht. Der eine ist fast blond, schmächtig und kläglich, der andere braunhaarig, er hat funkelnde Augen und einen schwarzen Schnurrbart, rissige Haut und eine Tolle. Ich lasse sie einsteigen, und während ich mit Höchstgeschwindigkeit Richtung Crotone sause, beobachte ich sie verstohlen, die Unterhaltung ist schleppend. »Wir arbeiten weiter unten an der Straße, jeden Tag müssen wir zwanzig Kilometer hin und wieder zurück, und hier fährt gar nichts …« Das Ganze klingt sehr seltsam. Ich frage nach, was für eine Arbeit das sei, aber ihre Antworten bleiben vage, sie sprechen von einem Privatunternehmen aus Rom. Doch dann bringen sie es selbst zur Sprache: »Dies ist eine gefährliche Gegend«, sagt der Dunkelhaarige, »nachts fährt man hier besser nicht durch. Die Autos werden angehalten und ausgeraubt. Vielleicht haben Sie davon gehört, vor zwei Jahren hat man an dieser Stelle einen umgebracht, einen reichen Herrn in seinem Auto, der auf dem Rückweg aus Rom war, mit einer Frau. Man hat ihn aufgefordert anzuhalten, aber er ist weitergefahren, und da hat einer, der weiter vorn mit einem Gewehr lauerte, auf ihn gezielt und ihn erschossen. Vierzehntausend Lire haben sie bei ihm gefunden!«

Dann, als sich die gelben Dünen ausdehnen, auf einer Art Hochebene, Cutro. Ich sehe es nur im Vorbeifahren aus dem Wagen, aber von allen Orten dieser ganzen langen Reise beeindruckt mich Cutro am meisten. Es ist genau so ein Banditendorf*, wie man es aus manchen Western kennt. Hier die Frauen der Banditen, dort die Kinder der Banditen. Ich weiß nicht, woran es liegt, aber man spürt, dass wir hier in einem gesetzlosen Raum sind, oder wenn nicht gesetzlos, so doch fern unserer eigenen Kultur, in einer anderen Welt. Im Lächeln der Jungen, die von ihrer grausamen Arbeit zurückkehren, flackert ein Zuviel an Freiheit auf, an Verrücktheit fast. Im hitzigen Treiben, das der Abendessenszeit vorausgeht, zeigt sich die *omertà* als ein fröhliches Stimmengewirr, so hält man es in ihrer Welt nun mal. Aber das alles ist von einer Stille und Leere umrahmt, die Angst macht.

Noch ein paar Kilometer durch die felsige Mondlandschaft, am Tor von Crotone verabschieden sich meine beiden Gäste dann mit einstudierter Höflichkeit. Ich stürze mich erneut in die Fahrt am fremden, feindlichen, verführerischen Ionischen Meer entlang.

Tarent, die perfekte Stadt. Hier lebt man wie in einer Muschel, in einer geöffneten Auster. Hier das neue Tarent, dort die überfüllte Altstadt, ringsum die zwei Meere und die Strandpromenaden.

Am Horizont liegen englische, italienische und amerikanische Kriegsschiffe, entlang den Uferpromenaden klammern sich Seebäder an die herrlichen Klippen, und im Wasser tobt das Leben. Reihenweise schwanken *camerini*, wie die Badekabinen hier heißen, ohne Halt auf wackeligen Pfählen und stehen in alle Himmelsrichtungen (und allen Dieben) offen. Im spiegelnden Wasser vollzieht sich jeden Tag das wirkliche heimliche Schauspiel: das Bad der Frauen. Du siehst Scharen kleiner Jungen, Burschen und

**Banditendorf*: Pasolinis Äußerungen über Cutro rufen, als der Text 1959 erscheint, einen heftigen Streit um Nord und Süd, Reich und Arm in Italien hervor. Der Bürgermeister von Cutro erstattet Anzeige wegen Verleumdung. Pasolini verteidigt seine Ansicht, dass die Armen der Gesellschaft tatsächlich »Ausgegrenzte« (ital. *bandire* = verbannen, übergehen) seien und in ihrer Außenseiterposition von der herrschenden Klasse ausgenutzt und somit indirekt zur Kriminalität gezwungen würden. Die Klage wird 1960 von der neuen Stadtverwaltung Cutros zurückgezogen.

erwachsener Männer an den ramponierten Geländern, kommst näher und stellst fest, dass sie die Frauen beim Baden beobachten. Also beobachtest auch du sie und siehst kleine, winzig kleine Frauen, schwarze Kreaturen, die an den Hüften schon ein wenig breit werden, sogar wenn sie noch halbwüchsig sind, mit tiefschwarzen Augen, geheimnisvoll und ausdruckslos. Sie achten gar nicht auf den Aufruhr, planschen in dem seichten, blauen Wasser, das ihnen reserviert ist, und denken an ihre Zukunft als Mütter, die sie nach einem kurzen Liebesdrama erwartet.
Währenddessen beginnen die Männer ringsum, unter der sengenden, übermächtigen Sonne, vor meinen Augen mit dem Schauspiel ihrer wimmelnden Geschäftigkeit, die mich die ganze apulische Küste entlang begleiten wird. Verglichen mit diesem Gewimmel ist jedes andere, das ich bisher kannte, nichts. Flink sind sie, mit ihren schmalen Hüften, den großen Augen und langen Nasen, eine Spirale kreist in ihrem Inneren, die Spirale der Sexualität, der Neugier, der Lust am Dasein. Sie alle sind um mich herum, und natürlich fehlen hier, abgesehen von den unzähligen Matrosen aus allen Teilen des Landes, auch Fremde nicht … Einer erklärt mir: »Sieh mal, jetzt halten wir dich für einen Halbgott, weil du nicht von hier bist, aber schon nach vier oder fünf Tagen sehen wir vielleicht gar nichts mehr in dir.«

VON TARENT NACH SANTA MARIA DI LEUCA

JULI

Ich fliege die unbekannteste Küste Italiens entlang, mich treibt eine solche Freude am Sehen, dass ich fast blind bin. Tatsächlich droht alles hier zu entrücken: die flache Küste, die arabisch-normannischen Dörfer (arabisch im armen Teil, normannische Kirchen und Mauerwerk im vornehmeren Teil), das Meer. Alles scheint trunken, benommen vom Licht. In Gallipoli greife ich wieder nach dem Leben. Gallipoli pulsiert, es ist das geheimnisvolle Zentrum einer

RADIOCORRIERE
Gazzetta del Popolo
A STAMPA
SERA
tutto
La Gazzetta dello Sport
L'ITALIA
l'Unità
STAMPA SERA
Gazzetta del Popolo
TUTTOSPORT
PANORAMA
l'Inghilterra
QUI
l'uomo e lo spazio
Li
LETTERATURA ITALIANA
l'Unità
EPOCA
GENTE
NOVELLA

toten Region. Ohnehin ist es eine Stadt für sich, ein eigener Staat, ein wenig wie Cutro. Auch sie ist makellos, wie Tarent, strahlend weiß ragt sie über dem herrlichen, unverfälschten, wilden Meer auf. In dem zusammengewürfelten Haufen weißer Häuser, umringt von Strandpromenaden und Molen, führen die Leute ein eigenständiges, man könnte beinahe sagen üppiges Leben, als hätte eine Phase der antiken Geschichte, von der ich nichts weiß und die zu begreifen mir die Zeit fehlt, hier nie aufgehört. Der Dämon des Reisens drängt mich nach Süden, bis an die äußerste Spitze.

Es ist eine langsame Annäherung, während die Gegend ringsum sich wandelt, in kleinen Wellen vorwärtsbewegt und sich mit Olivenbäumen bedeckt.

Santa Maria di Leuca erstreckt sich entlang dem Ufer in einer Reihe kleiner Jugendstilvillen, luxuriös, rosig und weiß, bedeckt von Ornamenten und umringt von kleinen Gärten. Sie wirken wie soeben verlassen. Auch die prächtige Strandpromenade davor bröckelt und sieht aus, als sei sie soeben sich selbst überlassen worden, ebenso wie das Rondell mit dem abblätternden Putz. Auf der Promenade steht ein Reisebus mit laufendem Radio in der unbarmherzigen Sonne. Ein paar Leute sitzen auf den Stufen eines öffentlichen Gebäudes in ein paar Schattenflecken. Ich frage zwei Jungen, die wie Studenten aussehen, wer denn nach Santa Maria di Leuca kommt. »Eine ganze Menge Leute«, sagen sie, »vor allem aus Lecce, aber wir haben auch Fremde hier, die in der Pension da drüben übernachten.« Und sie zeigen mir die weiße Pension, auf die sie stolz zu sein scheinen. »Aber die Villen gehören den Baronen.« – »Kommen die denn überhaupt noch her?« – »Sie kommen schon noch her, aber sie bleiben unter sich. Am Abend gehen sie alle in den Yachtclub, da haben nur sie Einlass, dann tanzen sie und spielen Karten.«

Ich sterbe vor Hitze und Erschöpfung, ich möchte endlich baden. Aber es gibt keine *camerini*, in denen man sich umkleiden kann. Da unten gibt es einen Felsen, der ins Meer sticht, unter dem Leuchtturm am Kap. »Wollen wir da runtergehen?«, frage ich. Einverstanden, sie freuen sich, und der Jüngere erklärt: »Der Fels da trennt das Ionische Meer von der Adria.« Das amüsiert mich. Wir machen uns unter der flammenden Sonne auf den Weg, und ganz langsam, wie Seiltänzer, erreichen wir über den zerklüfteten, brüchigen und kantigen Felsbuckel die Spitze. Aber wir sind sehr hoch über dem Meer: zur Rechten das Ionische Meer, erschreckend, feindselig, vorzeitlich, zur Linken das gute, sanfte und zahme Adriatische Meer. Ich entdecke eine Art Kluft, die den Felsen spaltet, bis hin zum schäumenden Meer. »Wollen wir versuchen hinunterzuklettern?«, frage ich. Die beiden Jungen gehen voran, barfuß steigen wir hinab, erreichen eine natürliche kleine Terrasse, glatt und dunkel. Dort liegt ein Leichnam. Gigantisch, gelb, unbehaart. Als wir auftauchen, bewegt sich der Leichnam, sieht uns an und beginnt ohne ein Wort, sich anzukleiden, das Hemd, den Pullover, die Hose, die Socken, die Sandalen. »Guten Tag!«, sagt er und geht, streitlustig und eigenbrötlerisch, klettert leichtfüßig nach oben. »Das ist der Baron C.«, flüstert einer der Jungen.

RODI GARGANICO

JULI

Es ist kurz nach Mitternacht, und ich bin allein. So allein, wie nur ein Gespenst sein kann. Alle haben sich in ihren Häusern verriegelt, die Kleinbürger aus Foggia, die hier Ferien machen, die Leute aus dem Ort, die morgen früh um drei, vier Uhr aufstehen müssen, um mit dem Esel aufs Feld zu gehen. Es hat zu einer rätselhaften Ausgangssperre geläutet, und niemand widersetzt sich ihr.

Ich laufe über den kleinen verlassenen Strand am Fuße des Dorfes. In der Stille da draußen und in mir spüre ich etwas wie einen ausgedehnten, tonlosen Zusammenbruch. Die gesamte Küste Apuliens löst sich in dieser Ruhe auf, nachdem sie mir in den Augen, in den Ohren getobt hat, viele Vormittage und Nachmittage in prähumanem, urzeitlichem Chaos.

Das entlegene Salent, herb wie nordisches Heideland, mit seinen griechischen Dörfern, die sich seit Jahrhunderten der Welt verweigern, das alles sprengende Brindisi mit seinem Strand, der chaotischer, wilder, überfüllter ist als alle anderen italienischen Strände; dann, wunderschön, Otranto und Ostruni, die beiden Städte des Schweigens im Süden; Bari, das Muster für alle Küstenstädte, und schließlich der Gargano. Über dem Meer die Kathedrale von erhabener Schönheit und unten zwischen den Klippen die nackten, dunklen, blonden Filous. Kathedralen und nackte arme Jungen, chaotische Städte, baufällig und ungestalt wie Feldlager, Menschenmengen unter Gerüsten mit Lichterketten und die löchrigen, weißen Bühnen der Tanzkapellen verschmelzen in meiner Erinnerung zu einem einzigen Tosen. Es zerschellt an den steilen Felsen des Gargano, bei dessen Umrundung zwischen kargen, öden Bergen hoch über dem Meer man sich Tausende von Kilometern von Italien entfernt. Ich habe das Boot zu den Tremiti-Inseln verpasst, ich werde nicht hinkönnen. Aber hier bin ich ja auf einer Insel, ich glaube nicht, dass es drüben anders sein wird. Ich laufe, an kein Gesetz gebunden, durch die Dunkelheit der Ausgangssperre und trauere schon jetzt dem endlosen Tag nach, auf den sich unvermittelt der Abend gesenkt hat.

PESCARA

AUGUST

In Francavilla beginnen die großen Strände der Adria und eine neue Badekultur. Wie immer gibt es ein Vorbild, einen Ursprung, einen Archetypus, aus dem tausend neue Varianten entstehen, die doch immer identisch bleiben. Ich vermute, dass diese »Ursprungsform« Riccione oder Rimini sein könnte, die sich in ihrem Fortpflanzungsdrang bis hierhin ausgebreitet hat, im Interesse der profitierenden Gemeinden. Es gibt da ein Übermaß, ein Missverhältnis, einen unvorgesehenen Bruch zwischen dem, was in ganz Süditalien »Strand« war, und diesen ersten Stränden in den Abruzzen. Für mich ist es, als würde ich in die Welt meiner Gewohnheiten und meiner Erinnerungen zurückkehren. Dennoch habe ich das Gefühl, mit einem Fuß auf

Blick auf die Promenade und den Strand von Pescara

der einen und mit dem anderen auf der anderen Stufe zu stehen.

Die Nacht in Francavilla entspricht – rein optisch – ganz und gar den Nächten am Meer, die wir kennen. Aber bei genauerem Hinsehen zeigt sich ein doppelter Boden. Auf der nächtlichen, noch schmucklosen Uferpromenade findet ein Tanzvergnügen statt, am Mikrofon leitet ein hiesiger Bongiorno* irgendein Spiel oder einen Wettbewerb, mit einer Unbeteiligtheit und Eloquenz, die es ihm erlauben, nahezu ausfallend zu werden. Um das Lokal im Freien drängen sich stehend in malerischen Gruppen die Einheimischen, fast alles Männer. Die Frauen sind Kleinbürgerinnen von der Sorte, die früh heimgeht. Im Halbdunkel sieht man überall Bluejeans, T-Shirts und mit dem Rasierer geschorene Köpfe. Der Dialekt ist rau, breit. Nach eins,

*_Mike Bongiorno_ ist Italiens bekanntester Fernsehmoderator. Er ist seit 1953 auf den Bildschirmen Italiens omnipräsent.

MOSTRA
PERSONALE
SILVESTRI

Dortmunder
UNION-BIER
STOCK

halb zwei sind nur noch reiche, Hochitalienisch sprechende Leute auf der Tanzfläche. Sie lungern herum, bis es spät wird, dann steigen sie in ihre Autos, mit dem schlaffen Geist des Bürgers, wenn er den Lebemann gibt.
»Ich bin ganz nass!«, ruft ein junger Kerl, offensichtlich stolz, dass er von einem noch ausgelasseneren Lebemann mit einem Siphon angegriffen wurde. »Und was ist mit uns?«, fragen, mit etwas weniger zur Schau getragenem Stolz, zwei, drei Mädchen, die schon ins Wageninnere gekrochen und nur mäßig entschlossen sind, schlafen zu gehen.
Die Trennung der beiden Welten ist hier noch sehr strikt. In der Ursprungsform von Francavilla, oben im Norden, würde so etwas sicher nicht passieren.
Pescara ist staunenswert. Es ist, glaube ich, die einzige Stadt, die einzige echte Stadt, die ausschließlich als Badeort existiert. Die Einwohner sind darauf sehr stolz. Ich erreiche Pescara bei Sonnenuntergang, wo zu dieser Zeit, vor dem Abendessen, alles begeistert promeniert. Ich frage einen alten Mann nach einem Hotel. Er überschlägt sich fast, will mit seinem Sohn zu mir ins Auto steigen, um mich hinzubringen. Sofort meint er: »Tja, Ihnen wird's gehen wie allen anderen auch, Sie werden schon sehen! Wer einmal in Pescara am Strand war, der kommt wieder! Da, sehen Sie, jetzt müssen Sie bis zum Ende dieser Straße fahren. Vor dem Kreisverkehr ist ein Beet, wo aus Blumen das Datum von heute steht.« Er ist ganz gerührt von so viel Chic, von so viel Prunk. Und da sind tatsächlich rote und violette Blumen, die das heutige Datum anzeigen, einen der großen Tage des Sommers und der Stadt.
Die Uferpromenade ist ein einziger Strom aus eleganten, schönen, sonnengebräunten, kräftigen Menschen. Mir fliegen aus dem Lärm der Spaziergänger Sätze zu. Da ist ein kleiner Römer, geschoren wie Caligula: »... erst hat sie es mit dem Vater getrieben, dann mit einem Bruder und dann mit den anderen drei Brüdern ...« Und einer aus dem Veneto, in Begleitung seiner Freunde und einiger Mädchen: »Wisst ihr, warum die Hähne den Hals recken, wenn sie krakeelen?« Und dann ist da eine Signora, ver-

mutlich aus Mailand: »Nun, vielleicht ja in Amerika und Australien …«
Jeder trägt sein Steinchen zum Turm von Babel bei, zum großen *fritto misto* nach italienischer Art.

SAN BENEDETTO

AUGUST

Immer wenn ich aus einem Ort wegfahre, sogar wenn ich nur wenige Stunden dort war – meine Freunde lachen mich deswegen aus –, lasse ich ein Stückchen blutendes Herz zurück. Nicht so in San Benedetto. Warum auch? Mittlerweile ist San Benedetto ein klassisches Strandbad nach norditalienischem Vorbild: ein breiter, bis in den letzten Winkel ausgerüsteter Sandstrand, Bars mit Terrassen zur Meerseite, Jukeboxen und vor allem schöne Frauen.

Dahinter ein wohlhabender Ort, der aus nichts als kleinen Villen und Pensionen und Hotels besteht, mit kleinen Gärten und Marktständen.
Aber das alles wirkt noch wie hinzugefügt, wie soeben angeschafft: Dem Habitus der Menschen aus Bürgertum und Volk, die sich hier zusammenfinden, fehlt es an historischem Bewusstsein. Das hier ist Provinz, kein rückständiges Randgebiet mehr. Und man kann alles lieben, außer der Provinz. Lebe wohl, Süden, unermessliches Kafarnaum, Getümmel der Armen, der Diebe, der Hungrigen und der Sinnlichen, unverfälschter und geheimnisvoller Speicher des Lebens, der nun hinter mir liegt.

ANCONA

AUGUST

Woran erkennt man den Übergang vom Süden zum Norden? Zwar gibt es ein langes Zwischenreich der Nuancen, die hohen Abruzzen und die Marken, doch manche Ver-

änderungen ereignen sich schlagartig. Plötzlich tauchen Fahrräder auf, plötzlich tauchen Werbeschilder für Methangas auf, und vor allem tauchen plötzlich schöne Frauen auf.

Ich will gar nicht behaupten, dass es im Süden keine schönen Frauen gibt, nur habe ich dort über viele hundert Kilometer keine gesehen. Ich habe dunkle und unelegante weibliche Wesen, aufgeschwemmte junge Mädchen gesehen. Aber plötzlich sind sie da, die schönen Frauen, in Pescara schon, und dann ihr Siegeszug in San Benedetto, in Falconara, in Senigallia … Bis sie an der Küste der Romagna schließlich sogar zu den unangefochtenen Hauptdarstellerinnen werden, zu Herrinnen, Königinnen, Amazonen. Es gibt keine Gruppen junger Leute mehr, zu denen nicht auch braun gebrannte, knabenhafte, kluge, hübsche Mädchen gehören. Die armen Männerrudel im Süden!

Ancona, welch einfache und glückliche Stadt! Und gewiss, trotz des traurigen Wiederaufbaus, eine der schönsten Italiens. Eine überfüllte Stadt ohne Uferpromenaden, ein Meisterwerk auf einer Anhöhe, auf deren höchstem Punkt die Kathedrale steht, weswegen Ancona auf zwei Meere zeigt. Doch der Sonntagsspaziergang findet auf der großen Straße statt, die die beiden Meere verbindet, ohne dass man sie von dort aus sehen kann, die Verbindung führt übers Festland. Wer weiß, weshalb es in dieser Stadt voller Ruhe und Harmonie so viele Neurotiker gibt, so kommt es mir jedenfalls vor, warum man so viele ängstliche und eingeschüchterte Gesichter sieht, mit kahlen Schläfen und dem runden Kinn von Schwächlingen. Gerade dadurch wächst einem die Stadt noch mehr ans Herz. Ich war noch nie hier, und doch erkenne ich sie wieder; ich verliebe mich sofort, und doch bleibt sie mir fremd. Erst am nächsten Tag finde ich heraus, dass es einen Strand gibt, einen sauberen Strand mit Steinen und kleinen Klippen, am Fuße einer bombastischen, strahlend weißen Treppe mit Tempelchen und Säulen und einer großen Restaurantrotunde, von welcher man das Meer überblickt. Aber ich werde mich an jenen Strand von Ancona erinnern, den ich im Dunkel der Nacht gesehen habe, als um zwei oder drei Uhr ein einsamer Mond am Himmel und im Meer stand, unten auf dem Campo degli Ebrei, dem ebenfalls einsamen jüdischen Friedhof, wo herausgerissene und umgestürzte Grabsteine auf der Rasenmulde verstreut liegen, und direkt daneben eine Schlucht über dem Meer, auf dem reglos, fern und feindselig die Lichter des Hafens und die der Stadt zittern, einer Stadt, die endlich, wie sie es vielleicht wünscht, ohne Leben ist.

SENIGALLIA

AUGUST

Am Strand von Senigallia der Sieg des Ruhestands – nicht der Familien. Unter den Sonnenschirmen haben sich die Gäste der immer gleichen kleinen Villen aus dem 20. Jahrhundert zu Gesprächen versammelt, bei denen kein einziger Gemeinplatz der bürgerlichen Sprachvorschriften preisgegeben wird, sodass jeder sein Geheimnis für sich bewahren kann. Hier der grau melierte, aber noch immer sportliche Angestellte, dort die verwitwete Signora, die einen aufgetürmten gelben Turban und einen gelben Bademantel trägt, den sie wie eine Tunika geschnürt hat, nahezu reglos müht sie sich mit der Liege ab, ausgemergelt, geheimnisvoll, spröde und verloren wie eine Marlene Dietrich. Aus den Lautsprechern am großen Strand voller Badekabinen und Sonnenschirme tönen die rhythmischen Klänge eines altertümlichen Tangos.

Diese Leute um die fünfzig konservieren exakt das Leben, das ihnen ideal erschien, als sie dreißig waren: Hier herrscht eine Stimmung wie zu Vorkriegszeiten, als genau diese heute Fünfzigjährigen endlich gemachte Leute waren und anfingen, sich ein von vornherein schon sehr geordnetes Leben einzurichten. Das Gelb des Turbans der reifen und geheimnisvollen Signora ist bananengelb, das Lächeln des fünfzigjährigen Angestellten erinnert an Bartalis* Siege bei der Tour de France.

Da ich weiß wie ein Joghurt bin, obwohl ich so viele Strände abgefahren habe, lege ich mich in die Sonne.

*_Gino Bartali_, Radrennprofi, gewann die Tour de France erstmals 1938.

Ich erledige die lästige Verpflichtung, benommen höre ich den Strand rings um mich herum rauschen, dazu wogt lasch die Brandung. Ich erhasche einzelne Sätze, treffende Worte. Von einem Sonnenschirm neben mir kommt ein artiges: »Guten Appetit!« Es ist die lahme Stimme eines Jungen, die sich jedoch kurz darauf noch einmal mit einem »Mein sechster Sinn sagt mir …« vernehmen lässt. Dann die triumphierende Stimme einer Frau: »Die Holzpantinen … und das Buch. Reader's Digest …« Doch weiter hinten wird noch eine Stimme laut und übertönt streng die anderen: »Enrico, du sollst dich nicht nass machen, hörst du!« Und dann wird, aus der unablässigen Plauderei achtzehnjähriger Mädchen, Schülerinnen der umliegenden höheren Schulen und Berufsschulen, die endgültige Formel laut: »Nicht was schön ist, ist schön, sondern was gefällt, ist schön!«

Es ist Mittagessenszeit: Brutal werde ich von einer Pfeife aufgeschreckt, die mit unerhört wütender Beharrlichkeit trillert, ich stütze mich auf einen Ellenbogen und schaue mich um: Zwischen den Liegen und Sonnenschirmen bahnt sich ein weißhaariger Trottel mit Matrosenmütze den Weg, er bläst in seine Pfeife und ruft: »Mittagszeit! Mittagszeit!« Im Namen des Wirtes erinnert er die Rentner daran, dass der Tisch gedeckt ist, grollend wie immer, ewig diese Schererei mit der Verspätung, seit eh und je werden die Spaghetti darüber kalt.

IN RICHTUNG RIMINI

AUGUST

Die ersten zweisprachigen Strände. Sämtliche Schilder auf Italienisch und auf Deutsch: »Bagnino – Bademaister.«

Der seit vielen Jahren gut besuchte große Strand von Cattolica, nunmehr aufgeschichtet, verfeinert, veredelt und übermäßig vergrößert, ist voller Frauen. Die Männer verlieren sich, fast sind sie keine, entweder sind es Jugendliche mit schwarz geränderten Augen oder arme Deppen oder Drohnen.

Dort, auf einem Ruderboot, ein Rücken wie von Michelangelo, ein braunes Profil unter kurzen Haaren, zwei Arme ganz aus Muskeln, wie die Figur eines barocken Brunnens. Unter den Brustmuskeln, den beiden Bizepsen, verbirgt sich, nicht größer als ein Schneckchen, eine sehr blasse Deutsche. Die beiden reden leise miteinander, hauchen eher, er hält ihre Hand in seiner, hin und wieder küsst er ihr Handgelenk. Dort, auf ihrem Ruderboot, sind sie jenseits von Raum und Zeit. Ganz in ihrer Nähe zwei weitere Burschen mit zwei weiteren deutschen Mädchen, hässlich wie die Nacht. Ein Segelboot läuft ein, an Bord zwei schmierige, dickbäuchige Bademeister und zahlreiche ältere deutsche Frauen, die zu den Klängen eines kleinen Kofferradios aussteigen. Die Bademeister geben den Kavalier, mit in die Stirn gezogenen Schirmmützen und öligen Haaren. Einer der beiden bedrängt eine hässliche, unglücklich lachende Deutsche, indem er immer wieder einen Satz sagt, der eine neue, übertragene Bedeutung annehmen soll, so wie das »Cattleya spielen« bei Proust: »E allora, mangiare ranocchi stasera? Heute Abend Frösche essen, heute Abend Frösche essen?« »Sì, sì, sì, sì«, macht die Deutsche, mit einem grauenhaften Lächeln, und bedeutet ihm, den Mund zu halten, weil sie sich sonst übergeben muss. Dann geht sie, gänselt mit ihren Kameradinnen über den Strand davon. Auch die kleine Deutsche löst sich aus den muskulösen Armen des bulligen Schwerenöters aus der Sixtinischen Kapelle, zeigt sich unerbittlich, verächtlich. Sie streift ihre Holzpantinen über. Er rappelt sich hoch. Oje. Im Stehen wirkt er fett und klein. Und aus dem steinernen Flussgott wird ein Knirps. Sie geht davon, über den Sandstrand, durch den Wirrwarr aus Ruderbooten, Sonnenschirmen, Liegen und Beinen. Er hinterher, wie eine Riesenameise. Flehentlich, eindringlich greift er nach ihrer Hand. »Wann sehen wir uns?«, will er wissen. Damit erleichtert er sein Gewissen. Sie antwortet nur trocken: »Morgen.« – »Morgen!«, tut er ihr gekränkt nach, von seiner Leidenschaft stark mitgenommen. Sie entschwindet. Auch die wäre geschafft. Beinahe erleichtert schließt sich der Eroberer seinen Kumpanen an, ge-

BIER VOM FASS
FESTE PREISE
1/4 BIER 120
1/2 STIFEL 220
1L. " 450
COCA COLA 120
ORANGEN-LIMONADE 120
EIS MIT KIRSCHEN 250
BELEGTE BRÖTCHEN 150
TOAST 150
WÜRSTEL AM ROST 150
1/2 GEGRILLTES HUHN 600
Coca-Cola
BERTANI

meinsam entfernen sie sich gemächlich über den Strand, schweigend, grinsend, mit schleppenden Schritten, suchend sehen sie sich unter den zahllosen Frauen um.
Nun beginnen die Strände meiner Kindheit und Jugend. Ich werde keine neuen Strände mehr entdecken, nur noch bekannte überprüfen.
Nach Riccione fuhr ich in die Ferien, als ich Gymnasiast war. Dort angekommen, erkenne ich fast nichts wieder. Die Nouvelle Vague der Badenden und der Industriellen hat dem Strand etwas Ungestümes verliehen, einen neuen Geist, in dem die heutigen Jugendlichen obsiegen, die sich mit dem Neuen auskennen.
Die kleine Hauptstraße mit den beiden sattgrünen Baumreihen, mit der für das 20. Jahrhundert typischen Enge, mit den Bars, die dicht an dicht wie Soldaten aufgereiht stehen, hat sich kaum verändert. Ich setze mich an einen Tisch, und zum ersten Mal nach vielen Jahren esse ich ein Eis.
Damals, als ich mit inniger Freude jeden Tag Eis aß, war alles hier viel absoluter, viel ewiger. Die Tage waren endlos lang, Einheiten von echtem Wert und echter Dauer. Ferienzeit war Lebenszeit. Alles, was passierte, enthielt eine Botschaft oder hatte einen tiefen, klaren Sinn. In Riccione hatte ich mein erstes, altmodisch unschuldiges Abenteuer. Ich habe noch ein Foto zu Hause. Sie war eine Ballettschülerin, in meinem Alter, vierzehn, fünfzehn Jahre alt. Sie machte Ferien mit ihrer Schule, das heißt zusammen mit einem Dutzend Mitschülerinnen, die ebenso reizend und abenteuerlustig waren wie sie. Auf dem Foto steht sie auf der Bank eines am Strand liegenden Segelboots. Sie trägt einen Badeanzug und stützt sich mit erhobenem Arm am Mast ab, die Beine stehen in eleganter Haltung eng zusammen, und auf dem Kopf hat sie eine weiße Schirmmütze, wie ein alter Seebär. Wir unterhielten uns am Strand, aber nur sehr wenig, sie war natürlich viel kühner als ich, unter den Augen ihrer Kameradinnen in der Ferne. Nach zwei oder drei Tagen reiste sie ganz plötzlich ab. Ich frühstückte gerade im Garten der Pension, vor lauter heimlicher Genugtuung – an die ich mich noch sehr gut

erinnern kann – verschlinge ich fieberhaft die Marmelade, die Butter und den süßen Milchkaffee, als plötzlich eine Kutsche vorbeifährt. Sie ist voller Mädchen, all die kleinen Tänzerinnen auf engstem Raum zusammengepfercht. Als sie mich sehen, ertönt ein einziger Schrei. Ich laufe auf die schmale von der Augustmorgensonne beschienene Straße, alle fuchteln mit den Armen in meine Richtung und rufen: »Addio! Leb wohl!« Meine Ballerina kann ich zwischen ihnen gerade eben erkennen, in ihren lachenden Augen stehen Bestürzung und Unsicherheit.

PORTO CORSINI

AUGUST

Ein Strand nur für die Einwohner aus Ravenna, die in ihre Seebäder kommen, ans spiegelnd glatte Meer, an den kalkigen Strand.

Der Hafenkanal reicht mit zwei dünnen Armen aus Stein bis ins offene Meer.

Hier toben die Gören aus der Peripherie, aus dem Umland, aus dem Proletariat, das in den Fabriken arbeitet, die die ENI* von hier bis Ravenna entlang dem Kanal fast wie neue Kathedralen, neue Sant'Appolinare-Kirchen**, errichtet hat.

Noch nie habe ich so viel Grobheit und Gewalttätigkeit gesehen. Ravenna ist Insel, ist Randgebiet, und deshalb konservativ. Sind es Byzantiner? Goten? Die Jungen mit den kleinen Schädeln, breiten Kiefern und langen Nasen sind kaum zu bändigen. Sie tun nichts anderes, als in den Kanal zu springen und wieder herauszuklettern und dabei animalisch zu schreien.

Auf den Felsen jagen sich zwei von ihnen und bespucken sich, im Scherz, sie rotzen sich an und beschimpfen sich aus Leibeskräften: »Sumèr! Esel!« Unten auf dem Kanal haben drei Jungen Spaß daran, mit ihrem Segelboot die anzufahren, die im Wasser schwimmen: ein Unsinn, bei dem sie sich die Schädel zertrümmern, bei dem sie draufgehen könnten.

**ENI*: Italiens größter Energiekonzern und das größte Unternehmen des Landes.

***Sant'Appolinare* in Classe in der Nähe von Ravenna ist UNESCO-Weltkulturerbe.

RICHTUNG CHIOGGIA

AUGUST

Ich kann es nicht leugnen: Nach Ancona ist Schluss mit der »natürlichen Schönheit« (entlang der Küste, meine ich). Das letzte Überbleibsel des großen italischen, süditalienischen und apenninischen Liebreizes – die Hügellandschaft der Marken – verflacht jäh, löst sich in nichts auf. Übrig bleiben trostlose staubige Hügelchen hinter verschandelten dunklen Pinienwäldern. Hier siegt das Praktische über alles andere: Der Strand wird funktional, man nimmt Wasser- und Sonnenbäder, mit dem beruhigenden Gefühl einer mächtigen Organisation im Hintergrund. Was will ich hier? Ich ersticke zwischen diesen Tausenden von Bürgern: Sie sind hier die Herren. Es ist schön, an den Stränden der Romagna zu schweigen (während dieser Tage vor Ferragosto*), man müsste im Winter mit Fellini herkommen.

**Ferragosto*, Mariä Himmelfahrt. In den Sommertagen Mitte August sind die italienischen Städte wie ausgestorben.

Doch hinter Porto Corsini hält sie wieder Einzug, die Schönheit. Und so wird die Fahrt mit dem Auto in Richtung Chioggia zu einem echten, einem erhebenden Abenteuer für die Augen und das Herz.

Hier, rings um das Po-Delta, scheint der Mensch gesiegt zu haben, aber sein Sieg ist prekär und mühsam. Das eingesperrte, gebändigte Sumpfland scheint allerorts auf und verströmt seine tiefe, unschuldige, wilde, nordische Melancholie.

Alles ist von eingedämmtem Süßwasser durchtränkt: die grenzenlosen Wiesen, die hohen Dämme an den Kanälen, die schütteren Gehölze, die Pappelreihen. Darüber ein grauer Firnis, der alles verbindet, durchdringt, verschmelzen lässt, im Farbton tiefer, demütiger Melancholie.

Noch immer kennzeichnet der romanische Stil Pomposas** die Badestrände, Volano, den Lido degli Estensi, das wunderschöne Mesola.

***Pomposa* ist eine ehemalige Benediktinerabtei.

Chioggia bildet den würdigen Abschluss dieser Reise ins Delta: jenseits von Raum und Zeit, ein ungeschlachtes Venedig ohne Geschichte, vollendeter Abguss einer vollendeten Schönheit, als befinde man sich auf dem Gipfel einer Hieroglyphe, am Rande eines Traums von Geogra-

Fischer in Chioggia

phien, von Land, Lagunen und Meer, in den du entfliehen, in dem du all deinen Pflichten entkommen und dir inmitten eines glücklichen Volkes einen ungetrübten Urlaub gönnen kannst.

VENEDIG

AUGUST

Nachdem ich auf den langen Deichstraßen hoch über der grünsten, melancholischsten und herbsten Landschaft Italiens an den Lagunen vorbeigeflogen bin, erreiche ich das Chaos von Mestre. Ich suche nach einem Hotel, verstaue meine Sachen und fahre weiter in Richtung Venedig, über die von vielen tausend Scheinwerfern befahrene Brücke. Auf der Piazzale Roma ist kein Platz, sie quillt über von ausländischen Autos. Schließlich nehme ich das Motorboot und steige an der Piazza San Marco aus.

Als Erstes, ganz automatisch, besorge ich mir eine Zeitung, »Venezia Sera«. Gut. Auf der ersten Seite prangt die Schlagzeile: »Ist der Lido verloren?«, und direkt darunter: »Zwei Blondinen als Köder auf der Piazza San Marco«. Es geht um zwei deutsche Frauen, die junge italienische Männer anlocken sollten, um sie für die Reportage einer deutschen Zeitung als *pappagalli*, als »Aufreißer«, zu fotografieren.

Ich sehe mich mit neu erwecktem Interesse um: Die Piazza ist noch die Gleiche, der gleiche große Salon mit den gleichen öden Musikkapellen, die schwülstigen Kitsch spielen. Ringsum drängen sich Ausländer. Ich gehe in das Restaurant ganz in der Nähe, in das ich früher immer ging. Der Eigentümer, ein gebildeter junger Mann, vielleicht ein bisschen zu gebildet (und wirklich sind die Wände mit den raffiniertesten, neuesten Bildern tapeziert, die der Markt hergibt), erklärt sofort: »Ich sage es ja nur ungern, aber ich bin geradezu fremdenfeindlich geworden! Die Ausländer, die dieses Jahr nach Venedig kommen, sind allesamt hässliche und unangenehme Leute ohne Manieren …«

Piazza di San Marco

Drüben, an einem Tisch, sitzen zwei berühmte Maler mit

Giuseppe Santomaso (1907–1990) und *Giulio Turcato* (1912–1995) gehörten beide der 1952 in Venedig gegründeten Künstlergruppe »Gruppo degli Otto«, der »Gruppe der Acht«, an.
***Acque Albule*: Römische Thermen.

scharf geschnittenen venezianischen Gesichtern, Santomaso und Turcato*. Sie anzusprechen ist, als zündete man eine Lunte an. Santomaso bekennt amüsiert: »Ich war überhaupt noch nicht baden dieses Jahr, außer in den Acque Albule** in Rom.« – »Und ich«, erklärt Turcato, »mag die Strände im Süden am liebsten. Im Sommer hat die Adria die Farbe von Regenmänteln.«
»Was den Lido angeht«, meint Santomaso so sicher, als zöge er einen eleganten Pinselstrich über seine Leinwand, »so ist die Situation dramatisch: Man darf nicht länger als bis halb acht am Strand bleiben, und man darf nicht in Unterhosen auf die Straße gehen. Man wagt sich noch nicht einmal mehr raus, um ein Eis zu kaufen.«
Und Turcato, die Nase so spitz wie ein Schwert und mit maliziösem Lächeln: »Ich habe gehört, Nacktbaden geht überhaupt nicht mehr.«
Santomaso zieht weiter seine eleganten Striche: »Und was ist mit dem Skandal im Casino? Mit den Familien der Croupiers, die mit Stangen auf Töpfe gehämmert haben, um die streikbrechenden Croupiers aufzuschrecken?«
Ich unterbreche die beiden: »Und was sagt ihr zu der Ausstellung über ›Die Lebendigkeit der Kunst‹? Schadet sie der sommerlichen Stimmung nicht?«
»Aaaaah«, macht Santomaso, »ein brisantes Thema … Sagen wir, es ist die Ausstellung der Teddy-Boys der Malerei …« Er meidet das brisante Thema und kommt sofort auf die Schwierigkeiten in Venedig zurück: »Das Problem mit dem Nachtleben muss gelöst werden. Um Mitternacht wird alles still. Aber was macht der Tourist ab halb sieben, wenn man ihn vom Strand verjagt, bis es irgendwann Schlafenszeit wird?«
Turcato: »Es gibt nur ekelhafte Spelunken, wo man zehntausend Lire für nichts bezahlt.«
Santomaso gewährt seinem Gegenstand keine Ruhepause: »Die haben einen großen Fehler gemacht, als sie den Massentourismus gefördert haben. Wie soll man auch in Rudeln die Stadt genießen. Das alles hier ist für Luxustourismus ausgestattet. Alles ist teuer …«
»Teuer?«, frage ich.

»Überleg nur mal«, meint Turcato, »wie viel ein normaler Tourist, der mit Gepäck und drei Kindern am Bahnhof ankommt, ausgeben muss, nur um ins Hotel zu kommen. Trotzdem«, erklärt er weiter, »bin ich nicht mit Santomaso einer Meinung, dass der Tourismus hier zwangsläufig feudal sein muss. Der Fehler war doch vielmehr, dass man sich gar nicht ausreichend für den Massentourismus gerüstet hatte. Ich würde die Verwaltung den Franzosen anvertrauen, die machen so etwas doch sehr gut.«

»Wir befinden uns hier in einem Übergangszustand«, fügt Santomaso mit alter Bitterkeit hinzu, »und es fehlt völlig an Phantasie und an Elan, um diese drängenden Probleme zu lösen. Alle gehen davon aus, dass alles weiter von alleine funktioniert, wie zu Zeiten der Königin Margherita.«

Am nächsten Tag fahre ich gleich zum Lido, um das zu überprüfen. Aber es regnet. Am grauen Sandstrand vor dem Excelsior ist keine Menschenseele.

VON VENEDIG NACH TRIEST

AUGUST

Nun bin ich zu Hause, denke ich, der Adriabogen zwischen Venedig und Triest war die südliche Grenze meiner Kindheit, all das habe ich schon gesehen, all das findet sich in meinen frühen Erinnerungen.

Stattdessen überrascht mich dieser Abschnitt meiner Reise am meisten: Nicht nur, dass ich nichts mehr wiedererkenne (dabei sind nur acht oder neun Jahre vergangen), ich befinde mich sogar auf völlig fremdem Boden. Die Zweisprachigkeit kehrt sich um: »Bademaister – Bagnino«. Die offizielle Sprache ist Deutsch, die Strände sind die Strände Deutschlands und Österreichs. Man darf sagen, dass wir wirklich in Europa sind. Dabei war dies noch vor wenigen Jahren einer der provinziellsten und archaischsten Abschnitte der Halbinsel.

Jesolo gab es früher nicht. Ich erinnere mich, dass man damals in den Zeitungen gerade von dem Ort zu sprechen anfing, wie von einem Projekt. Jetzt ist es ein riesiger Strand, der dem Lido Konkurrenz macht, ausgestattet wie ein amerikanischer Strand, ein reiner Badeort, der im Winter so leer und verlassen sein muss wie eine Geisterstadt. Kleine Villen an kleinen Villen an kleinen Villen, Pensionen an Pensionen an Pensionen: Das Kleinbürgertum aus dem Treviso und aus Deutschland drängt sich hier buchstäblich zu einem ohrenbetäubenden Konzert von Holzpantinen zusammen. Und doch hat Jesolo einen geheimnisvollen, verborgenen Liebreiz. Woran das liegt? Am Grün. Nicht dem der Pinien, Olivenbäume oder Palmen. Es sind die Pappeln, der Mais und dann der Salat. Der Salat Venetiens, der im Schatten der Haselnusssträucher und des Holunders die sorgfältig gemähten Ufer zart bedeckt.

Caorle gab es schon. Stellt euch vor, es war der kleine Strand von Portogruaro, von San Vito al Tagliamento und von Casarsa … Jetzt ist es der Strand von Wien, München und Ulm. Auf drei-, viertausend Einwohner und ein-, zweitausend Sommerfrischler aus Venetien kommen achttausend Deutsche.

Ich schwöre, es war einer der schönsten Orte der Welt. Fernab der trockengelegten Gebiete lag es verloren, es gab keine Brücken, die Kanäle und Lagunen überquerte man auf sehr langsamen Flößen, keiner kannte es: Und so war es jahrhundertelang verborgen geblieben, ein seltsames und reizendes Unding. Die Häuser waren in leuchtenden, klaren Farben gestrichen: in Rot, Blau, Schwarz und Grün. Im Inneren waren sie vollkommen wie Juwelen, überall Kristall und Spitzen. Und draußen in den Gassen wunderschöne, bronzefarbene Mädchen mit langen Ohrringen, die die Netze ausbesserten oder Ketten aus Korallen aufzogen. Die wenigen Grabsteine der romanischen Kathedrale waren mit griechischen Lettern beschrieben. Die Stadt gehörte nicht zu Venetien, auch nicht zu Italien. Die Menschen, schön wie Korallen, wie Zigeuner, waren die derbsten und freundlichsten, die ich je kennengelernt habe. Ich erinnere mich an einen Jungen, der auf einem alten Geländer am Meer saß. Als er den Wind spürte, sagte er zu mir: »Das ist der Burignolo!« Ich fragte: »Woher kommt er?« – »Vom Anfang der Welt.«

Und jetzt … welcher Idiot, welcher Verbrecher hat ihnen nur erlaubt, alle Häuser in diesen Einheitsbrei zu tauchen, in die Farbe von Kinderkacke? In die scheußlichen Rosa und Gelbtöne der unausrottbaren bürgerlichen Dummheit? Wo sind die Mädchen mit den Ohrringen geblieben, nicht die, die es hier vor neun Jahrhunderten, nein, die es vor neun Jahren noch gab? Wo sind die Matrosen mit den Haaren, die ihnen wie ein Helm von der tiefen Stirn bis in den langen Nacken fielen?
Massenweise öde, triste Pensionen an der neuen Uferpromenade, deren Kalk noch frisch ist, haben den alten Ort, das urwüchsige, bunte Unding, unter sich begraben. Ein Strom von hässlichen Deutschen und lästigen Jugendlichen aus dem Hinterland reißt alles mit sich fort.
Und hört euch das hier an: Es gibt einen Ball, in einem Lokal mit einem französischen Namen, wo die Wahl zum Mister 1959 stattfinden soll. O nein, das werde ich mir nicht entgehen lassen. Ich bin schließlich kein freudloser Nostalgiker. Da ist der runde Bau auch schon, mit einer Halle, die trotz aller hochtrabenden Ansprüche an einen Wartesaal auf dem Land erinnert. Da ist der runde Garten, mit Pflanzen und künstlichen Felsen. Das Publikum tanzt. Die schönen Mädchen und die schönen Jungen.
So vergehen zwei Stunden, dann kommt der große Moment der Emotionen: Am Mikrofon kündigt ein schon etwas kahler Riese aus Venetien an, dass man nun den Mister wählen wird. Die hiesige Jugend lacht und macht Scherze (Deutsche sind keine da). Unterdessen stellt er die Jury vor, vier Signore und Signorine, zur einen Hälfte aus der Umgebung, zur anderen Deutsche (die fast immer Edith heißen), und zwei Männer, ein Anwalt (ein alter Freund von mir aus San Vito) und ein Signore, über den es im Flüsterton heißt, er sei entfernt mit den Roncallis verwandt.
In Kürze: Ein paar Mädchen treffen eine erste Auswahl unter etwa zwanzig Jungen, einem weiß gekleideten Blonden mit verträumten Augen, einem großen Braunhaarigen mit dichtem langen Haar (»Geh zum Friseur!«, ruft man ihm zu, »Sollen wir dir zweihundert Lire leihen?«),

einem, der Jerry Lewis ähnelt und dessen Stärke der Rock 'n' Roll ist, und so weiter. Auch ein Dickwanst ist dabei, er ist an den Schläfen schon kahl, rotwangig wie ein Alpenjäger, trägt weder Jackett noch Hemd, nur einen Pullover über dem behaarten Fett. Es ist der Conte di Pùlfero, alle applaudieren ihm: »Los, Conte! Gib alles, Conte!«

Ein halbes Dutzend von ihnen wird auserkoren, unter ihnen auch der Conte di Pùlfero (der zum vierten Mal das vierte Studienjahr der Betriebswirtschaftslehre wiederholt und der Überzeugungskraft des Weines nicht widerstehen kann: »Ein Glas Wein!«, ruft er in Richtung Bar).

Ich verfolge die Wahl, die auch darin besteht, den Kandidaten eine Reihe von Fragen zu stellen. Viele der Fragen sind anzüglich, die Antworten der venetischen Spaßvögel sind dreist. Die deutschen Fräuleins zeigen sich kühl und streng – bravo! Die Italienerinnen hingegen sind nachgiebig und gefällig. Wie die Wahl ausgehen würde, stand im Grunde schon vorher fest: Der Graf gewinnt.

Ein Pfeifkonzert, als der angetrunkene, grobschlächtige und parteiische Moderator sich vor dem erwartungsvollen Publikum verhaspelt. Doch ungerührt verkündet er: »Und nun wird der Graf bei einer Tanznummer sein Können zeigen!« Der Graf, auf dem Kopf die Siegerkrone (keine Ahnung, aus welchem Kraut), beginnt zu tanzen. »Der Hüftschwung, Graf!«, rufen sie ihm zu. Und er lässt die Hüften kreisen. Doch Jerry Lewis, umringt von seinen Freunden, geht dazwischen und tanzt zur Begeisterung der Zuschauer so herrlich geschmeidig wie ein Affe. Einer stürmt auf die Tanzfläche und wirft ihm seine Jacke vor die Füße.

Dann ruft der Moderator, vom Cognac des Grafen beschwipst, ins Mikrofon, dass der Graf nun singen wird: Und tatsächlich tritt der Graf ans Mikrofon und singt mit dünner Stimme und knabenhaftem Gebaren »Come prima, più di prima«*. Inzwischen hat das Publikum begriffen, dass das Ganze eine Lachnummer war, und lacht. »Los, Jumbo!«, rufen ein paar Witzbolde dem Grafen zu. Mit dem dreisten Gesicht des ewig versagenden Studenten

*»*Come prima, più di prima*«: Mit diesem Titel wurde der italienische Schlagersänger Tony Dallara 1957 berühmt.

RECOARO ACQUA
RECOARO

und Lebemanns aus Pordenone, des zukünftigen Alpenjägers, hat er gewonnen, und jetzt triumphiert er.

Ich gehe hinaus an die neue Uferpromenade von Caorle (der Dom von Caorle da unten an der Spitze, unter den Sternen, scheint Tausende von Kilometern entfernt), ich habe einen Knoten im Hals.

In Lignano haben die Friulaner enorme organisatorische Anstrengungen unternommen: Wie in Jesolo ist auch dort alles aus dem Nichts entstanden. Ich muss sagen, mit wirklich anständigen Ergebnissen. Die Architektur der kleinen Villen ist angemessen und dezent, und es gibt viel Platz: Die Atmosphäre, die man hier atmet, ist eines kleinen europäischen Strandes nach amerikanischem Vorbild wirklich würdig.

Auf der Straße nach Grado halte ich bei meinem alten Zigaina* an, um an einem der einladendsten Orte zu essen, die es in Italien gibt. Das sei nur für eine zukünftige Tournee Mario Soldatis** gesagt …

Endlich ein bisschen echter Frieden, zivilisiert, menschlich. Ein kleines, herrschaftliches Landhaus aus dem neunzehnten Jahrhundert, ein kleiner, anspruchsloser und doch sehr eleganter Park, kühl, schattig, voller Blumen. Es ist kein echtes Restaurant, sondern ein Privathaus, in dem eine Signora das Hobby der guten Küche pflegt. Ausgezeichneter Fisch, köstliches Perlhuhn, klassische Polenta, sehr guter Wein, unverfälscht, aus dem Friaul. Für jeden Abschnitt auf meiner langen Reise habe ich meine Lieblingsorte benannt, und das werde ich auch dieses Mal tun: Brindisi, Chioggia und dieser Ort hier.

Grado ist nur einen Steinwurf entfernt, gleich hinter Aquileia, hinter der neuen schmalen Brücke, die flach über die ebenen Inseln und das seichte Wasser der Lagune führt. Das Graublau des Himmels und das Grün der friulanischen Bäume, das gedämpfte Zinnoberrot und Kobaltblau des Häfchens und die goldblonden Köpfe der Jugend machen diesen Ort zu einem Ort der Seele.

*_Giuseppe Zigaina_, geboren 1924 im Friaul, Künstler und Schriftsteller, arbeitete an mehreren Filmen seines Freundes Pier Paolo Pasolini mit und beschäftigte sich später in verschiedenen Essays umfassend mit dessen Tod.
**_Mario Soldati_ (1906–1999), italienischer Schriftsteller, Drehbuchautor und Regisseur. Soldatis Amerika-Aufenthalt von 1929-1935 trug ihm den Ruf ein, Italiens kosmopolitischster und mondänster Autor zu sein.

Triest – Polizistinnen laufen an einem Straßencafé vorbei.

TRIEST

AUGUST

Noch nie bin ich in die Peripherie von Triest gefahren, die sich entlang der Straße nach Istrien und Pola erstreckt. Heute ist Feiertag. Auf den großen Straßen, in den riesigen Mietshäusern, vor dem dunklen traurigen Rund der ungestalten Hügel, herrscht hektisches Sonntagsfieber. Jeder eilt irgendwohin. Überall ist es überfüllt, und zugleich ist es überall leer. Man fühlt sich unwohl. Der Himmel ist weiß und unfreundlich. Meine unnatürliche Fahrt gegen den Strom hat etwas Verzweifeltes. Niemand ist auf der Straße nach Pula unterwegs außer mir.

Triest endet mit den letzten Werften am Hafen, den letzten großen Mietshäusern vor diesen nebligen traurigen Hügeln unter dem weißen Schleier des Himmels.

Hin und wieder gibt es neben der Straße, die am Meer entlangführt, zwischen endlosen Reihen von Häusern und unüberwindbaren Mauern, einen kleinen Strand mit Familien und dem zeitlosen Lächeln der triumphierenden Jugend. Ein kurzes, trostloses Gewimmel.

Ich fahre an Muggia mit seinem kleinen Hafen vorbei, der eine Miniaturausgabe des Hafens von Triest ist und eine traurige Version des Hafens von Grado. Weitere trockene und enge bunte Strände hinter starren Geländern.

Und dann Lazzaretto, der letzte italienische Strand.

Es ist unglaublich, aber hier flackert Italien ein letztes Mal auf, ein Italien, wie ich es seit Hunderten von Kilometern nicht mehr gesehen habe.

Ist es das vertriebene Lumpenproletariat? Eine süditalienische Kolonie? Das Randgebiet des zunehmend elenden triestinischen Hinterlandes? Fest steht jedenfalls: Der kurze Strand von Lazzaretto könnte in Kalabrien liegen. Gemessen an der Enge der kleinen Bucht drängt sich eine unglaubliche Menschenmenge auf einem Rund schlammiger Felsen, auf dreckigen Steinen, unter kahlen Bäumen und auf kümmerlichem Gras. In der Mitte fließt ein Bächlein, das in einem Vorplatz aus schmutzigem Sand ins Meer mündet, es ist Abwasser. Nicht weit davon die Grenzpfähle mit dem Wächterhäuschen.

Triest – drei Frauen vor einem Haus in der vormalig jugoslawischen Zone B mit pro-jugoslawischen Parolen

VOGLIAMO LA
TITO

Hinter der Grenze ist keine Menschenseele mehr zu sehen: Das jugoslawische Territorium scheint unbewohnt. Dort gibt es keinen Badenden mehr, kein Haus. Es gibt keine Sonne, tatsächlich zieht zwischen den traurigen Buckeln zweier bewaldeter Hügel ein Gewitter auf, dunkelblaues Gewölk. Gibt es in Jugoslawien keinen Ferragosto? Gibt es dort keinen Sommer?
Ich nähere mich den letzten Badenden an unserem letzten Strand. Es ist eine kleine Gruppe fünfundzwanzigjähriger Männer und Frauen, die auf dem Schotter der Abwassermündung sitzen.
Sie sind weder hässlich noch schön. Es könnten Angestellte sein. Sie genießen ihren Urlaub, mit der gebührenden Faulheit, mit angemessener Unbefangenheit. Ich schnappe einzelne, schlichte Stimmen aus der Gruppe auf. Eine sagt: »Gib mir mal den Kamm.«
Der Junge, der sich gerade die glatten schwarzen Haare kämmt, sagt gleichgültig: »Wart mal.«
Daneben liegen sich zwei auf einem gelblichen Felsblock in den Armen. Er kneift sie in den Speck an ihrem Rücken und sagt: »Mädel!« Sie kneift ihn zurück. Ein anderes Paar kommt durch das flache Wasser spaziert. In der fahlen Luft wird eine Stimme laut und herrscht sie an: »Woher kommt ihr?« – »Vom Boot da?«, will eine andere Stimme heiser wissen. Und wieder die erste, hartnäckig, gelangweilt und fröhlich: »Ich bräuchte mal 'n Kamm, der hier ist kaputtgegangen!«
Über die armseligen Stimmen, über den armseligen Strand, wirft das Gewitter einen leichten, weißlichen Schatten. Hier endet Italien, endet der Sommer.

EIN BRIEF PASOLINIS VON ISCHIA

FAKSIMILE UND ÜBERSETZUNG

JUNI

Ich bin glücklich. Es ist lange her, seit ich das von mir sagen konnte, aber was verschafft mir dieses tiefe, unverkennbare Gefühl von Freude, von Leichtigkeit? Nichts. Jedenfalls fast nichts. Es ist wunderbar still um mich herum: Mein Hotelzimmer, in dem ich seit fünf Minuten bin, geht auf einen hohen, sehr grünen Berg und ein paar bescheidene Häuser [*unleserliches Wort*]. Es regnet. Das Geräusch des Regens vermengt sich mit weit entfernten Stimmen, ununterscheidbar, unberechenbar. Die kleine Terrasse vor mir glänzt regennass, und es hat aufgefrischt.

Dieses Gefühl von Frieden, von Abenteuer, das mir der Aufenthalt in diesem Hotel im Landesinneren Ischias gibt, gewährt einem das Leben nur noch selten. Mir ist, als wäre ich schon immer hier gewesen. Es ist, als wäre ich im Friaul, in Karnien, in der Emilia. Nur gelegentlich erinnert mich eine Stimme daran, dass ich in Süditalien bin. Etwas Wunderbares erwartet mich: das, was man als Kind am ersten Ferientag erwartet, wenn man die Ewigkeit eines Sommers vor sich hat.

Wie bin ich hierhergeraten? Wenn ich jetzt, wo ich erst seit wenigen Minuten in diesen häuslichen Frieden eingetaucht bin, darüber nachdenke, scheint es mir, als hätte ich eine homerische Reise hinter mir.

Gerne würde ich darüber schreiben, wenn ich es könnte, doch nur für den Leser, der noch nie aus seinem Dorf, seiner Kleinstadt herausgekommen ist, außer für kurze Fahrten innerhalb seiner Region, und der von Capri, von Ischia träumt, wie ich mir sie als Junge erträumt habe. Doch dafür bräuchte ich ein Buch, denn es ist nichts passiert:

ALBERGO SAVOIA
CASAMICCIOLA-TERME (Ischia)

a 300 m. dalle terme - giardino, panorama
☎ 10

Casamicciola-Terme ______________

Ischia (Casamicciola) luglio.

Sono felice. Era tanto che non potevo dirlo: ~~[illegible]~~ e cos'è che mi dà questo intimo, preciso senso di gioia, di leggerezza? Niente. O quasi. Un silenzio meraviglioso è intorno a me: la camera del mio albergo, in cui mi trovo da cinque minuti, dà su un ~~[illegible]~~ giardino umido, verde, vasto, [illegible] ~~con delle cose~~. Piove. Il rumore della pioggia si mescola con delle voci lontane, ~~[illegible]~~ fitte, incalcolabili. La terrazzetta, davanti, è lucida di pioggia, e soffia un'aria fosca.

Il senso di pace, di avventura che mi dà l'essere in questo albergo nell'interno d'Ischia, è una di quelle cose che ormai la vita dà così raramente. È un posto dove mi pare di essere sempre stato. Mi sembra il Friuli, la Carnia, l'Emilia. Solo ogni tanto qualche voce mi ricorda che sono nel Sud. Mi aspetta qualcosa di stupendo: quello che si aspetta quando si è ragazzi, il primo giorno di villeggiatura, e si ha davanti un estate eterno.

Come sono capitato qui? A pensarci, adesso che sono calato in questa pace domestica da soli pochi minuti, mi sembra di avere alle spalle un viaggio omerico.

Vorrei scriverne, se ne fossi capace, solo per quel lettore che non si è mai mosso dal suo paese, dalla sua città: dico, se non per brevi viaggi nella sua provincia, e sogna Capri, sogna Ischia, come le ho sognate io, ragazzo. Non mi occorrerebbe un libro, perché non è successo niente:

uno riceve solo quelle cose che appartengono solo alla vita, e muoiono dopo cinque minuti.

Dunque, ecco come uno capitola qui, sotto questa dolce pioggia che si spegola sui tetti del piccolo alberghetto.

Roma. Un temporale, blu come le ninfe, acqua che si scatena

A Ostia è novembre. Il mare ha il colore di un bidone freddo

- Ecco – pioggia sul. [illegible] un poco i miei stessi occhi. Sole, cioè Ischia – ciò è maglione ecc.
- (Porto d'Ischia)
- Michele (3000 lire – "un'attrice della Warner Bros, non saccio 'o nomme!" – Ischia è scoperta, ma fortunatamente gli industriali ancora non lo sanno –
- Trovata ragazzetti romani: tipi ecc. Rogano: "Bevemo nello stesso bicchiere,.. vuoi!"
- Tivoli: pullman, [illegible] 'o demanio! un [illegible] – Il cameriere, racconta come una demi-club – comanda lui: "ci ho un sacco di galantuomini!" "Na [illegible] 'e [illegible]" do [illegible] e fa' concerti qui –
- Scoperta delle coliche in terza – [illegible] – [illegible] dei dormienti.

Es sind bloß Dinge passiert, die zum Leben gehören und nach fünf Minuten nicht mehr existieren.

So bin ich also hierhergeraten, unter diesen zarten Regen, der auf den Dächern des kleinen weißen Hotels zerstiebt:

Rom. Ein Gewitter, blau wie der Tod, entfesselt tobende Wasser. Es ist November in Ostia. Das Meer hat die Farbe kalter Brühe.

>

>

Ich gehe nach draußen – Regen, *allein*, ich führe meine Augen spazieren. Nur ich allein und Ischia – ich und Tausende usw.

(Hafen von Ischia)

Michele (3000 Lire) – Eine Schauspielerin der Warner Bros., »den Namen weiß ich nicht!« – Ischia ist entdeckt, aber die Inselbewohner wissen es zum Glück noch nicht.

Tischgesellschaft römische Jugendliche: die Typen usw. Mädchen: »Lass uns aus demselben Glas trinken, … jetzt?«

Finale: dieser Bus, verfluchter Mist, kommt und kommt nicht! Ein Typ, der Kellner erzählt: *commis* stattdessen *demi-chef*. Rausgeschmissen: »Ihr benehmt euch nicht wie Ehrenmänner!« »Ein bisschen Fisch« zu essen und dann rausgeschmissen.

Kulis auf Vespas entdeckt. Zurück ins Hotel: warten auf morgen.

»DER GANZE SÜDEN VOR MIR. DAS ABENTEUER BEGINNT.«

NACHWORT VON PETER KAMMERER

Die Jahre 1959–1963 waren die heißen Jahre des italienischen Wirtschaftswunders. Un miracolo vero. Über 3 Millionen Menschen zogen in dieser kurzen Zeit vom Süden in den Norden Italiens, viele fuhren weiter nach Frankreich, Deutschland, in die Schweiz. In der Landwirtschaft wurden Äcker, die seit Jahrtausenden bestellt waren, neuen Bestimmungen zugeführt oder begannen zu veröden. Dörfer entvölkerten sich, Städte verdoppelten ihre Einwohner. Autos, Kühlschränke, Textilien und Feinmechanik wurden zum Exportschlager der italienischen Industrie. Die jährlichen Wachstumsraten des Volkseinkommens lagen bei über 6 Prozent. Am Ende dieser kurzen Periode war die größte Gewerkschaft nicht mehr die der Landarbeiter, sondern die der Metallarbeiter. Die Autostrada del Sole Mailand–Neapel, 1958 begonnen, wurde 1962 eingeweiht, und die 760 Kilometer lange Strecke konnte man in einem Fiat 600, der den legendären Fiat 500 abgelöst hatte, an einem einzigen Tag zurücklegen. Auf dieser Fahrt konnte man die Gleichzeitigkeit des Ungleichzeitigen auf eine in der europäischen Geschichte wohl einmalige Weise erleben: in San Donato die gläsernen Hochhäuser des Erdölkonzerns ENI, Reisfelder in der Po-Ebene, auf Hügeln und Bergrücken Dörfer und Städte aus dem Mittelalter, noch befahrene römische Brücken und noch bewohntes römisches Mauerwerk, etruskische Siedlungen und Hohlwege, Stahlwerke, Bauern mit Ochsen, Bauern auf Traktoren, nomadisierende Hirten, die tanzten und sangen wie die Helden Homers, und im Süden Gesichter und Körper, in denen sich das alte Rom, die Völkerwanderung, der Orient und Afrika mischten.

Italien war in Bewegung geraten und erlebte in einem Jahrzehnt Umwälzungen, die in anderen Ländern Europas Jahrhunderte gedauert hatten. Kein Film und kein nennenswertes Buch dieser Jahre ohne die Verwunderung über diese Kontraste, ohne die Frage nach ihrer Versöhnung oder ihrem unauflöslichen Widerspruch. »Millionen dunkler Seelen«, schrieb Pasolini, »treten ein in die Geschichte.« Die Menschen waren von einem Sog ergriffen, der sie in

Pasolini mit Freund

den Fortschritt riss und sie zwang, sich irgendwie neu zu orientieren. Die Tragweite dieser Ereignisse war den meisten Zeitgenossen unklar. Voller Optimismus versuchten sie die Zeichen einer neuen, moderneren Lebensweise zu deuten.

Auch die in Mailand erscheinende Illustrierte »Successo« (»Erfolg«!) wollte im Sommer 1959 wissen, wie sich die Ferien der Italiener veränderten. Aus der herkömmlichen, wochenlangen Sommerfrische der bürgerlichen und aus den Villenaufenthalten der reichen Familien war eine intensive, zeitlich konzentrierte Massenveranstaltung geworden. Die Strände erhielten eine neue *Funktion* und ein neues Aussehen: Hunderte von Kilometern wurden in kürzester Zeit erschlossen bzw. zuzementiert. Ein neues Volk ausländischer Touristen und einheimischer Nachahmer erfand neue Riten, neue Tänze, neue Moden, neue Regeln des Zusammenseins und der Zelebrierung von Körpern. Das Blatt beauftragte den Fotografen Di Paolo und den Schriftsteller Pier Paolo Pasolini mit einer Reportage darüber, was auf den 3000 Kilometern Küste des italienischen Festlands zwischen San Remo und Triest in jenem Sommer passierte: »Wie in einem Film« sollen die »weniger vertrauten und sonderbarsten Aspekte unserer Ferien« festgehalten werden, »Gesichter und Ereignisse, die nur durch eine so weite Reise dokumentiert werden können«.[1]

Nach dem Erfolg des Gedichtbands *Gramsci's Asche* (1957) und den heftigen Diskussionen um die beiden Romane *Ragazzi di vita* (1955) und *La vita violenta* (1959), nach der Mitarbeit an Filmen von Soldati, Trenker, Fellini, Bolognini und Franco Rossi war Pasolini eine »figura pubblica« geworden, eine Person, auf die die italienische Öffentlichkeit schaute und an der sie sich, ablehnend oder zustimmend, orientierte. Pasolini hat diese Rolle akzeptiert und hat seine eigene Biographie unauflöslich mit dem »Leben der Nation« verknüpft. Der Skandal seiner Homosexualität, der den jungen Lehrer Pasolini in Casarsa unmöglich gemacht und ihn zur Flucht nach Rom gezwungen hatte, bedeutete für den Dichter die Unmöglichkeit, ein rein privates Leben zu führen. Sein traumatisches Geheimnis, die Quelle seiner poetischen Energie, war im Jahr 1949 unerbittlich ans Licht gezogen worden, hatte zum Ausschluss aus der Kommunistischen Partei geführt und den, der sich immer nach Zugehörigkeit sehnte, zum öffentlichen Einzelgänger gemacht, gleichzei-

1 »Successo«, 4. Juli 1959. Insgesamt besitzt Italien eine Küste von 7.400 km Länge (die Inseln eingerechnet). Die Zahl der wild gebauten Häuser beträgt nach einem Bericht des Naturschutzverbands Legambiente 14.544, also zwei illegale Bauten pro Kilometer (2009).

2 *Auf der Feuerlinie. Pasolinis Zeichen von Leben und Tod. Peter Kammerer im Gespräch mit Giuseppe Zigaina*, in: *P. P. P. – Pier Paolo Pasolini und der Tod*, Stuttgart: Hatje Cantz, 2005.

tig Freiwild und Freibeuter. Werk und Leben Pasolinis sind von nun an nicht mehr zu trennen.

Zum Werk gehört, dass Pasolini seine private Tragödie als poetisch-dramatisches Material in den historischen Kontext einordnet, sodass an seinem Körper Geschichte ablesbar wird und sein Körper die Geschichte erhellt. Das ist der Sinn des »Martyriums«, an dem Pasolini als Künstler und Mensch unablässig gearbeitet hat.[2] Das ist der Inhalt seiner programmatischen Aussage: »Den Körper in den Kampf werfen«.[3] Und er selbst liest an den Körpern der anderen ihre und unsere Geschichte ab, eine Geschichte, die sich für den späten Pasolini reduziert auf die Manipulierung, Verletzung und Vergewaltigung der Körper durch die Macht des Konsums.[4]

Im Sommer 1959 ist noch nichts von dieser späteren Verzweiflung zu spüren. Pasolini fährt einen Fiat, den ihm Fellini für die Mitarbeit am Film *La notte di Cabiria* geschenkt hat. Mit ihm unternimmt er die Reise in mehreren Etappen, zwischen denen er nach Rom oder Mailand zurückkehrt, meist auf den notdürftig modernisierten, alten Konsularstraßen des Römischen Reiches und noch nicht »in rascher Fahrt auf den Autobahnen des mediterranen Neokapitalismus, … allein am Steuer seines Alfa Romeo … wie in einem Film von Godard«.[5] Pasolini liebt geographische Schilderungen, möglichst aus der Vogelperspektive, wie sie Dante in der *Divina Commedia* erfunden hatte. Der Band *Gramsci's Asche*, der Gedichte aus den Jahren 1951–1956 versammelt, beginnt mit einer Beschreibung des Apennin und skizziert einen Längsschnitt der thyrrenischen Seite Italiens bis zum Golf von Neapel. Der Leser überfliegt die Wiesen von Lucca, die Küsten der Versilia über dem leeren Meer, Elba, das Vorgebirge des Argentario, den Marmor von Lucca und Pisa, den Tuffstein der unversehrten Etruskerstadt Orvieto; er hört Kinderstimmen über dem Pflaster von Pienza und Tarquinia; Rom erscheint: der heidnische Tiber, alexandrinische und barocke Ruinen, das dreckige Gras der Campagna, Kinder und Kot in Baracken; bis dann im Süden sich weit der afrikanische Golf von Neapel öffnet. Mit der gleichen Emphase schreibt Pasolini im Sommer 1959: »… der ganze Süden vor mir. Das Abenteuer beginnt.«

Es ist zunächst ein physisches, sinnliches Abenteuer. Bei der Ausfahrt von Neapel schlägt ihm aus den plebejischen Elendsvierteln eine unglaubliche

3 Pier Paolo Pasolini, *Wer ich bin*, Berlin: Wagenbach, 1995, S. 32. Der Künstler Fabio Mauri, einer der ältesten Freunde Pasolinis, hat im Mai 1975 auf den Körper Pasolinis dessen Film *Das erste Evangelium – Matthäus* projiziert: die Kreuzigung auf den zum Martyrium bereiten Körper.

4 Pier Paolo Pasolini, *Widerruf der Trilogie des Lebens*, in: *Lutherbriefe*, Wien/Berlin: Medusa, 1983, S. 60. Umfassend dazu Karsten Witte, *Die Körper des Ketzers*. Pier Paolo Pasolini, Berlin: Vorwerk 8, 1998, und *Pasolinis Freibeuterschriften*, Berlin: Wagenbach, 1998.

5 Pier Paolo Pasolini, *Wer ich bin*, Berlin: Wagenbach, 1995, S. 37.

Successo
PASOLINI
GIRO D'ITALIA SUL MARE
148 pagine a colori
Lire 200

VIAGGIO DA VENTIMIGLIA A TRIESTE
DI PIERPAOLO PASOLINI E PAOLO DI PAOLO
LA LUNGA STRADA DI SABBIA

Portofino, la Scala dei miliardari

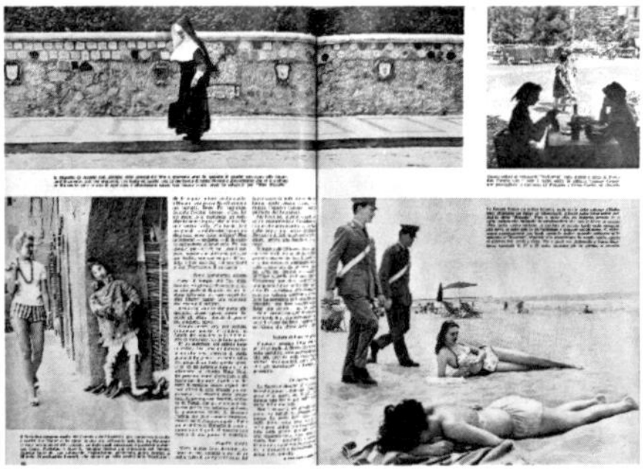

LA LUNGA STRADA DI SABBIA

Successo
4 FAME USURPATE
Hitler - Churchill - Stalin - Mussolini

VIAGGIO DA VENTIMIGLIA A TRIESTE
DI PIER PAOLO PASOLINI E PAOLO DI PAOLO
LA LUNGA
STRADA DI SABBIA

La lunga
strada
di sabbia

Estate:
sole, vacanze...
Gelati
ALEMAGNA

Però, questi milanesi...

Successo
BILANCIO SUL MEZZOGIORNO

LA LUNGA
STRADA DI SABBIA
VIAGGIO DA VENTIMIGLIA A TRIESTE
DI PIER PAOLO PASOLINI E PAOLO DI PAOLO

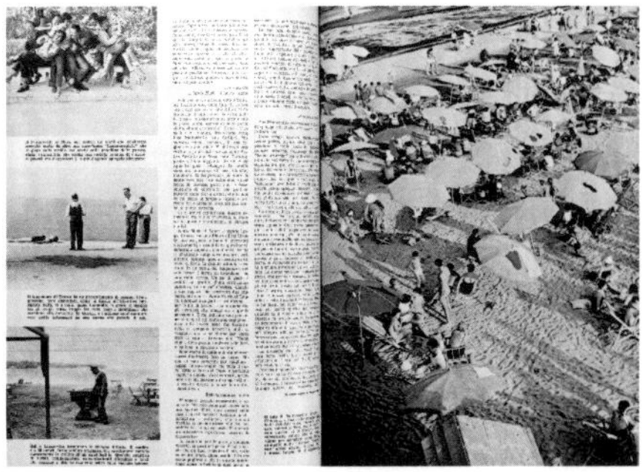

LA LUNGA STRADA
DI SABBIA

Mischung von Gerüchen entgegen, »die eine längst vergangene Zivilisation überdauert haben«. Zwei Jahre später gibt er seinem Reisebericht aus Indien den Titel *L'odore dell'India*[6]. Auf der Straße nach Sorrent, die Boccaccio »die schönste Küste der Welt« genannt hatte, und später in Ravello erlebt er »die zwei schönsten Stunden der ganzen Reise«, »fraglos gehören sie zu den schönsten meines Lebens«. Superlative. Mehrere Male beschreibt er in seiner Reportage Momente vollständigen Glücks, trunken von Farben, Gerüchen, Klängen und Ausblicken. Diese Fähigkeit, glücklich zu sein trotz Verzweiflung und Todessehnsucht, gehört bis zur Mitte der 60er-Jahre zur Grundstimmung seiner Gedichte, immer verbunden mit einem elegischen, ästhetisch-politischen Blick auf die Kulturen der Vergangenheit: auf das »bäuerliche Mysterium« der Zeit in Friaul; das einfache[7], ländliche Italien von *Gramsci's Asche*; das Kontinuum der bäuerlichen Welt, das die römischen Borgate mit der Dritten Welt verbindet.

Dieser mit Nostalgie gesättigte Blick ist jedoch alles andere als eine romantische Vision, was für die Zeitgenossen, selbst für Freunde wie Moravia und Calvino, nicht leicht zu verstehen war[8]. Pasolini sieht sich als »eine Kraft der Vergangenheit«[9] und gleichzeitig »moderner als jeder Moderne«. Zwischen diesen extremen Positionen liegt eine Schwelle, die der junge Dichter überschreiten kann, weil er in der Unschuld des friaulischen Dialekts seine »reine Sprache« findet, die ihn trägt. »Es war keine Regression innerhalb einer Sprache«, schreibt er, »sondern von einer Sprache (Italienisch), zur anderen (Friulanisch) … längs den Stufen des Seins« (1952). Doch die »Regression«, diese Fähigkeit Pasolinis, in archaische Welten und selbst in pränatale Zustände zurückzufinden, führt zu immer schmerzlicheren Erfahrungen. Das Tempo, mit dem Italien sich verändert, verschärft den Widerspruch von Natur und Geschichte, von kreatürlicher Existenz des Volkes und dessen selbstbestimmter Emanzipation, den Pasolini als dramatisches Auseinanderdriften von Gefühl und Ratio erlebt. Deren gemeinsamer Urgrund versinkt wie ein verlorenes Paradies. Was Schwelle war, wird zum Epochenriss, zum Abgrund, den Pasolini in der Folgezeit zunehmend mit mythischen Bedeutungen und Bildern füllt. Grenzüberschreitung wird zum eigentlichen Thema des gesamten Werkes und für Pasolini selbst zu einer die eigene Existenz gefährdenden Expedition, vergleichbar dem Abstieg in den Hades, den Fahrten der Argonauten

6 dt. *Der Atem Indiens*, München: Piper, 1996.

7 *Umile* ist für Pasolini ein Schlüsselbegriff, abgeleitet von *humus*, d. h. erdnah, demütig, niedrig. Contini nannte in einem Nachruf Pasolini »un maestro di umiltà«.

8 Peter Kammerer, *Pasolinis Traum von der Vergangenheit (eine italienische Kontroverse)*, in: »Literatur-Magazin« 3 (1975), S. 98–104.

9 Orson Welles spricht in Pasolinis Film *La ricotta* (1963) dieses Schlüsselgedicht.

oder des Odysseus und der Reise von Dante durch die *Divina Commedia*. Motor und Ziel jener Reise war die Liebe, »die im Kreis die Sonne führt und alle Sterne«. Für Pasolini ist der Begriff »Liebe« ebenso unumgänglich, die Liebe zum Volk und seiner Lebensweise, die alle animalischen Schattierungen und alle Sublimierungen einschließt. Paolo Volponi schreibt ihm nach der Veröffentlichung von *Gramsci's Asche*: »Doch dann trittst Du hervor, leidenschaftlich, und sogar noch mitten in den kristallklaren Terzinen schüchtern in den Empfindungen: Du, der Du die Leute liebst bis ins Verderben, dem es gelingt, ihre Probleme zu benennen, in Deinem Herzen die Hoffnung aller zu spüren.«[10]

Gramsci's Asche war die Niederschrift der großen, kollektiven Hoffnung einer Erneuerung Italiens nach Krieg und Faschismus. Für Pasolini waren die italienischen Kommunisten die Organisatoren dieser Erneuerung:

»Die Welt wurde statt Gegenstand
von Mysterien, Subjekt der Geschichte.
Tausendfache Freude war,
sie zu erkennen – so wie
jeder Mensch auf einfache Weise erkennt.
Marx oder Gobetti, Gramsci oder Croce
wurden lebendig in lebendigen Erfahrungen.«[11]

Im Übergang von Friaul nach Rom lässt Pasolini die Kontemplation des »bäuerlichen Mysteriums« hinter sich und sieht das Volk im Licht der Geschichte. Es ist ein »Skandal des Widerspruchs«, dass der engagierte Dichter die Emanzipation des Volkes mit Herz und Verstand ersehnt, aber »im dunklen Gedärm« verneint und angezogen wird von einer zur Natur gewordenen Lebensweise. Dem toten Gramsci bekennt er:

»Fasziniert von einem proletarischen Leben,
das älter als Du, ist dessen Fröhlichkeit
mir Religion und nicht sein tausend-
jähriger Kampf: seine Natur und nicht
sein Bewusstsein«.[12]

10 Nico Naldini, *Pier Paolo Pasolini. Eine Biographie*, Berlin: Wagenbach, 1991, S. 170.
11 Pier Paolo Pasolini, *Gramsci's Asche. Gedichte italienisch/deutsch*. Übersetzt von Toni und Sabine Kienlechner, München–Zürich: Piper, 1980, S. 134.
12 ebda. S. 95.

Der persönliche, subjektive Widerspruch Pasolinis verbindet sich mit jenem objektiven, für den das Jahr 1956 steht. Stalins Mythos wird gestürzt, und der Aufstand in Ungarn enthüllt die Brüchigkeit des sozialistischen Systems. Wer gehofft hatte, sieht sich betrogen. Die armen Leute, die Reisenden im Lokalzug vor Neapel, deren Leben in anderen Jahrhunderten wurzelt, die eben noch einen Schimmer von Hoffnung auf Befreiung gesehen hatten, sind der Geschichte wieder ausgeliefert. Und alles wird ihnen zum Feind: wer für sie kämpft und wer sie ausbeutet, wer für sie betet und wer – wie Pasolini selbst – sich in der Vitalität ihrer Daseinsweise wie in einem »inneren Paradies verliert«: »Und auch dein Mitleid ist ihnen Feind.«[13]

Das Gedicht *An die rote Fahne* (1956) enthält Pasolinis Antwort auf die Krise: Die rote Fahne ist mit den bloßen Sinnen nicht mehr zu erkennen. Das Volk, das sich an ihrer Farbe orientiert, fällt in sein älteres Dasein zurück. Verkrustete Wunden brechen auf. Der Landarbeiter wird Bettler, der Neapolitaner Kalabrese, der Kalabrese Afrikaner, der Analphabet ein Büffel oder Hund. »Rote Fahne, du rühmst dich so vieler Siege für Bürger und Arbeiter, werde wieder zum Fetzen, auf dass der Ärmste Dich schwenke.«[14] Statt des Fortschritts Schritte zurück. Revolution als Umkehr, dem Nord-Süd-Gefälle und den Linien der Evolution entlang, »längs den Stufen des Seins«, vom Menschen bis in die Tierwelt. Die rote Fahne gewinnt wirkliche Existenz nur, wenn sie selbst auch zum Fetzen wird und in dieser Regression die Befreiung der Vergangenheit, den Wiedergewinn der ganzen Geschichte des Menschen und der Natur verkörpert. Hier spricht der Dichter Pasolini, nicht wie bei Walter Benjamin der Philosoph. Dessen Beschreibung des Engels der Geschichte trifft auf frappierende Weise auf Pasolini zu:[15] Ein »Sturm treibt ihn unaufhaltsam in die Zukunft, der er den Rücken kehrt, während der Trümmerhaufen vor ihm zum Himmel wächst. Das, was wir Fortschritt nennen, ist dieser Sturm.« Was der Engel tun möchte, ist: »Verweilen, die Toten wecken und das Zerschlagene zusammenfügen.« Es ist genau das, was Pasolini in seiner Dichtung tut und woran er notwendig scheitert. Die moderne Zertrümmerung Italiens wird mit dem »Sieg des Neokapitalismus« unaufhaltsam. Pasolini beschreibt ihre Dynamik und Mechanismen nicht mehr nur »mit der schwarzen Wut der Poesie«, sondern in Filmen, Essays, Interviews und Artikeln. Die Idee der Revolution als Umkehr, als Befreiung der Vergangenheit der Natur

13 ebda. S. 175.

14 Pier Paolo Pasolini, *Unter freiem Himmel. Ausgewählte Gedichte* (deutsch und italienisch). Aus dem Italienischen von Toni und Sabine Kienlechner. Berlin: Wagenbach, 1982, S. 73.

15 Heiner Müller im Gespräch mit dem Autor am 15. 11. 1991; vgl. auch die Pasolini gewidmete *Drucksache 11* des Berliner Ensembles, Redaktion Heiner Müller und Peter Kammerer, Berlin 1995.

und des Menschen, verlässt ihn nicht mehr. In seinen letzten Gedichten, durch deren Gestein sich die wiedergefundenen Adern des Dialekts ziehen, heißt es: »So geht es nicht mehr vorwärts. … Kehren wir um. Es lebe die Armut. Es lebe der kommunistische Kampf für die notwendigen Güter.« (1973)[16]

Auf seiner Reise 1959 schreibt Pasolini, in Tarent angekommen: »Ich denke, in Italien gibt es nur wenige, die jemals die ganze Küste zwischen Reggio und Tarent an einem Tag abgefahren sind.« Es muss eine seltsame Furie gewesen sein, die ihn in seinem kleinen Fiat Ende Juli auf der schattenlosen Straße am Ionischen Meer 500 Kilometer weit getrieben hat. Eine Fahrt am äußersten, gottverlassenen Rand Italiens. Kurz vor Crotone, einst eine der bedeutendsten Städte Großgriechenlands, durchquert er Cutro.
Es ist der Ort, der ihn am meisten beeindruckt. »Hier die Frauen der Banditen, dort die Kinder der Banditen. Ich weiß nicht, woran es liegt, aber man spürt, dass wir hier in einem gesetzlosen Raum sind, oder wenn nicht gesetzlos, so doch fern unserer eigenen Kultur, in einer anderen Welt.« Ein paar Monate später, organisiert von der kommunistischen Partei, trifft sich Pasolini mit den Bauern und Tagelöhnern von Cutro. Er sieht die Gesichter, die die italienische Öffentlichkeit nicht sehen will, die sie nur unter der Rubrik »Unglücksfälle und Verbrechen« wahrnimmt. Gegen diese Körper mobilisiert sie einen anderen Corpus, den der Polizei und der Justiz. Pasolini hat das exemplarisch in seinen ersten großen Filmen *Accattone* (1960) und *Mamma Roma* (1962) gezeigt. Sein Werk enthüllt diese Körper, ihre andere Geschichte und ihr anderes Schicksal. Seit er an den Landarbeiterkämpfen in Friaul mit einem neuen politischen Bewusstsein teilgenommen hat, sieht er darin seine politisch-ästhetische Aufgabe. Das war 1948/49 gewesen, die Zeit, da auch in Kalabrien, gerade auf den Latifundien um Cutro, Crotone und Melissa, die Bauern das Land besetzten und von bewaffneten Trupps der Agrarier bzw. der Polizei verjagt wurden.[17] In Cutro waren im Anschluss an diese Landbesetzungen 40 Prozent der männlichen Bevölkerung wegen »Holzdiebstahls auf den Ländereien des Barons Baracco« verurteilt worden, unter Aberkennung der Fähigkeit, öffentliche Ämter zu bekleiden und das Wahlrecht auszuüben. Pasolini erinnert an diese Vorgänge in einem offenen Brief an die römische Tageszeitung »Paese Sera« vom 27. Oktober 1959. Seine kurze Äußerung über Cutro hatte ihm eine Verleumdungsklage eingebracht.

16 Pier Paolo Pasolini, *Notiz zu einem Gedicht auf Süditalienisch*, in: Peter Kammerer (Hrsg.), *Italien, Menschen, Landschaften. Mit Fotos von Regine Esser, Elger Esser und Giuseppe Morandi*, Berlin: Elefanten Press 1988, S. 106. Der Text entstammt dem letzten Gedichtband Pasolinis, *La nuova gioventù*, Turin: Einaudi, 1975.
17 In Melissa wurden am 29. Oktober 1949 von der Polizei drei Bauern durch Schüsse in den Rücken umgebracht. Zehn Jahre später veranstaltete der Premio Crotone am Tatort eine Gedenkfeier, an der auch Pasolini teilnahm.

Die Geschichte ist heute unvorstellbar lächerlich. Als Munition für den Wahlkampf im Frühjahr 1960 kam dem christdemokratischen Bürgermeister von Cutro Pasolini gerade recht, vor allem als dem Dichter Anfang November der Literaturpreis der Stadt Crotone zugesprochen wurde.[18] Am 17. November verklagt er Pasolini im Auftrag des Stadtrats von Cutro. Ein Mailänder Gericht vertagt sich nach der ersten Verhandlung am 21.3.1960 auf unbestimmte Zeit und zieht sich so aus der Affäre. Nicht nur auf örtlicher und regionaler, sogar auf nationaler Ebene (der Staatssekretär für Tourismus schaltet sich ein) entfachen Christdemokraten und Faschisten eine Kampagne gegen den homosexuellen und kommunistischen Nestbeschmutzer, der mit seiner Charakterisierung als Banditen »die Reputation, die Ehre, den Anstand und die Würde der arbeitsamen Bevölkerung von Cutro offen und schwer verletzt hat ... Wo Pasolini gelbe Dünen sieht, als seien wir in Afrika, stehen Hunderte von traulichen, farbenfrohen Häusern der Landreform, und die arbeitsame Bevölkerung des Südens, Kalabriens, Cutros, verdient sich getreu dem biblischen Geheiß das Brot mit dem Schweiß der Stirne.«[19]

Die Lächerlichkeit dieser Prosa darf über die Brutalität, mit der der Kampf geführt wurde (versteckte Morddrohungen eingeschlossen), nicht hinwegtäuschen. Hinter dem süßlichen Bild steht das Verbot kritischer Sozialforschung, der Dialekte und jeder Äußerung rebellischer Volkskultur, das das faschistisch-klerikale Italien ausgesprochen hatte. Noch nach dem Fall des Faschismus wirkte es weiter in den Kampagnen gegen den Neo-Realismus, in einer gesetzlich verankerten sexuellen Repression und in der Filmzensur. Keiner der großen italienischen Filme, die längst in die Geschichte eingegangen sind, ist ohne Zensur in die Kinos gekommen.

Ohne es ursprünglich zu wollen, dann aber seine provozierende Rolle akzeptierend, ist Pasolini zum Zentrum dieser Auseinandersetzungen geworden. In insgesamt 33 Verfahren hat sich die Justiz mit ihm beschäftigt. Was die italienische Öffentlichkeit letztlich in dem angeklagten Pasolini prozessiert hat, blieb ihr selbst unbewusst. Es ging nur vordergründig um seine »sittlichen Vergehen«. Das wahre Vergehen Pasolinis besteht in seinem Festhalten an der Vergangenheit, im Widerstand gegen die Auslöschung von Erfahrung, die er physisch-praktisch als erotisch getriebene Grenzüberschreitung bis zum Martyrium (d.h. Zeugnis ablegen) gelebt hat.

18 Crotone war die kommunistische Hochburg Kalabriens. Der Jury des von der Gemeinde gestifteten Preises gehörten Bassani, Debenedetti, Gadda, Moravia und Ungaretti an. 1959 erhielten den Preis Pasolini, der Anthropologe E. De Martino und Elémire Zolla.

19 *Pasolini: cronaca giudiziaria, persecuzione, morte, Milano*: Garzanti, 1977, S. 103. Bei den Kommunalwahlen 1960 siegen die Kommunisten. Pasolini nimmt Crotone, Cutro und vor allem die Höhlenstadt Matera 1964/1965 als Schauplätze des Films *Das erste Evangelium – Matthäus*.

Die Jahre 1959–1963 gehören zu den fruchtbarsten Jahren Pasolinis. Es entstehen die Gedichtbände *La religione del mio tempo* und *Poesia in forma di rosa*, die wie ein Roman jener Zeit konzipiert sind. Pasolini sprengt die Gattungen: Drehbücher und Treatments, tagebuchartige Notizen und Formen des Dialogs mit den Lesern der kommunistischen Zeitschrift »Vie Nuove« mischen sich zu einem faszinierenden Opus. Und vor allem fällt in diese Zeit seine Hinwendung zum Film, als die für ihn wichtigste Sprache der »Darstellung der Realität durch die Realität«. Filmruhm und Verfolgung machen ihn zu einer Figur, die bewusst neben die *poesia scritta* die *poesia vissuta*, neben das geschriebene Werk das gelebte, stellt: Die Aktion wird Poesie. Entscheidend für die große Wirkung Pasolinis nach seinem Tod ist dieser Zusammenhang von Schrift und Leben. Der Mythos Pasolini beleuchtet die Schrift und findet in ihr seine Grundlage.

Nach allen Spekulationen um seinen Tod, nach kulturellen Umwälzungen, die ein Desinteresse bzw. Unverständnis für sein geschriebenes Werk erzeugt haben, ist es Zeit, zu den Texten zurückzukehren.

VE

DIE PASSIONEN DES PIER PAOLO PASOLINI ERINNERUNGEN AN DEN ITALIENISCHEN »FREIBEUTER« VON WOLFRAM SCHÜTTE

C'era una volta – man ist versucht, zu dieser Eingangsformel zu greifen, wenn man von heute auf die Zeit & das Italien Pier Paolo Pasolinis (1922–75) zurückblickt & es unternimmt, sich seine geistige Physiognomie vor dem Hintergrund der Medien & der Gesellschaft seines Heimatlandes & seine postume Präsenz in der Bundesrepublik Deutschland erneut vorzustellen. So märchenhaft fern erscheinen einem die sechziger/siebziger Jahre des vorigen Jahrhunderts, dass man meint, sich auf einer archäologischen Recherche tief durch die Erdschichten der europäischen Geschichte bohren zu müssen, um zu PPP zu gelangen.

Mir wurde unsere geistige & existenzielle Entfernung von Pasolini schlagartig bewusst, als mir eine eigene Beschäftigung mit ihm aus dem Jahre 1984 jetzt wieder unter die Augen kam. Nichts mehr an dem damals, also vor nur 40 Jahren, entworfenen gesellschaftlichen & medialen Ambiente »stimmte« heute noch. Die Totaldestruktion des imaginierten literarischen Bildes Pasolinis in ihrer Zeit hat die »Furie des Verschwindens« bewirkt, die Silvio Berlusconi hieß. Viermal haben ihn die Italiener zwischen 1994 & 2011 zu ihrem Ministerpräsidenten gewählt.

Aber obwohl Silvio Berlusconi insgesamt kürzer als Benito Mussolini an der Macht war, hat er irreparabler & nachhaltiger Land & Leute, Kultur & Gesellschaft Italiens verändert als der faschistische Diktator. Namentlich konnte PPP den zwielichtigen Mailänder Unternehmer mit Mafia-Verbindungen, den Erfinder & Führer der Pseudopartei »Forza Italia« nicht kennen; aber seinen Typus & dessen politische Karriere samt den gesellschaftlichen Kollateralschäden, die daraus entstanden sind, ahnte *(nur)* PPP voraus. Nicht aber, dass es ein Italien *vor* & eines *nach* Berlusconi geben würde, die nichts mehr miteinander zu tun haben würden & noch viel weniger mit dem bäuerlich-archaischen Italien, dem Pasolinis Liebe galt, *vor* dem *Verschwinden der Glühwürmchen*.

Pier Paolo Pasolini mit Anna Magnani
in Venedig während der Filmfestspiele 1962

So lautete einer von PPPs späten Essays, in dem er das Verschwinden der Glühwürmchen (durch die Industrialisierung & die Pestizide) auf die fünfziger Jahre datiert hatte. Obwohl die Glühwürmchen realiter zurückgekehrt sind & der italienische Filmregisseur Giuseppe Tornatore seinen sizilianischen Witwer (gespielt von Marcello Mastroianni) ausgerechnet auf Besuch bei seinen Kindern in Mailand sie wiederentdecken lässt, ist es in unseren Tagen das drohende Verschwinden bzw. Massensterben der Bienen, das nachhaltigere Folgen für unsere Agrarkultur hätte.
Ob die »Glühwürmchen«-Episode in Giuseppe Tornatores 1990 entstandenem Film *Stanno tutti bene* (Allen geht's gut) vom italienischen Publikum noch als kleine Hommage an Pasolinis vorausweisende ökologische Aufmerksamkeit verstanden wurde, mag dahin gestellt sein. Denn fünfzehn Jahre nach Pasolinis Tod hatten »Mani pulite« & »Tangentopoli« – also der öffentlich gewordene Skandal von jahrzehntelanger Korruption & kontinuierlichem Amtsmissbrauch der großen italienischen Parteien – zu einem politischen Tabula rasa geführt. Dabei waren nicht nur die Democrazia Cristiana (DC) & die Partito Socialista Italiano (die sozialdemokratische PSI) von der Bildfläche verschwunden (später ebenso noch die PCI), sondern auch der Name des einzigen italienischen Intellektuellen, der seit den sechziger Jahren in zahllosen Essays, Polemiken & Berichten das politische Sumpfgelände der italienischen Politik & Gesellschaft öffentlich gemacht & angeprangert hatte: Pier Paolo Pasolini.

Der Nachruhm Pasolinis in der Bundesrepublik basiert vor allem auf der Auswahl von »Freibeuterschriften«, die postum 1978 im Wagenbach-Verlag erschienen. Deren einzelne Artikel, Glossen & Polemiken waren zu Pasolinis Lebzeiten überwiegend in großen italienischen Tageszeitungen erschienen; nicht »versteckt« in den Kulturteilen, sondern auf deren ersten Seiten, wo ihnen dann auch (wenn nicht sogar in anderen Blättern) von Schriftstellern, Philosophen oder Politikern zustimmend oder abweisend argumentativ geantwortet wurde.
Obwohl fast alle der zeitgenössischen italienischen Autoren & Intellektuellen an diesen öffentlich ausgetragenen Debatten teilnahmen (z. B. Italo Calvino oder Umberto Eco) & sich auch Politiker wie der DC-Ministerpräsident Giulio Andreotti oder der Generalsekretär der italienischen Kommunisten, En-

rico Berlinguer, daran beteiligten, war PPP zu jener Zeit der versatilste, am kontinuierlichsten breit gestreut publizierende Intellektuelle nicht nur Italiens, sondern ganz Europas. Der französische Nachkriegsexistenzialismus (Sartre, de Beauvoir, Camus) hatte sich als ein Humanismus verstanden, der von Schriftstellern & Intellektuellen – nach den Erfahrungen von Nazismus, Faschismus & Kollaboration – »Engagement« für Demokratie & gesellschaftliche Gerechtigkeit einforderte. Politik sollte nicht den Politikern allein überlassen bleiben, Intellektuelle als deren hervorragende kritische Widerredner in öffentlichen, publizistischen Debatten fungieren. Über Frankreich hinaus fanden die Existenzialisten in anderen demokratischen Ländern Nachahmer wie (z. B. bei uns) Andersch, Böll, Enzensberger, Frisch, Grass. In Italien hatte der marxistische Denker Antonio Gramsci den »organischen Intellektuellen« propagiert.

Man erkennt PPPs solitäre Rolle in dieser Zeit so recht jetzt erst, nachdem Pasolinis zehnbändiges schriftliches Gesamtwerk vorliegt & seine publizistische Entwicklung ebenso erkennbar wie seine Biographie überschaubar ist – & das Modell des »engagierten Intellektuellen«, der er wie kein Zweiter war, von den Heutigen selbst aus dem Verkehr gezogen worden ist.

Sichtbar wird beim Betrachten seines schriftlichen Œuvres, wie sich der jungen Lyriker über den Romancier zum Drehbuchautor & Filmregisseur entwickelte, der das riesige Fragment seines *Petrolio*-Romans hinterließ, an dem er – vergleichbar intensiv & weit gespannt wie Musil mit seinem ebenfalls Fragment gebliebenen *Mann ohne Eigenschaften* – bis zu seinem Tode schrieb. Wie Joyce für den Weltalltag seines *Ulysses* sich an Homers *Odyssee* orientierte, so Pasolini für die Höllenfahrt seines *Petrolio* an der *Divina Commedia* Dantes (auf den der Poeta doctus Pasolini sich mehrfach in seinem Œuvre bezieht).

Petrolio ist ein schwarzer Monolith der literarischen italienischen Moderne. Mit ihm überschreitet bzw. sprengt Pasolini, wie zuvor in seinen anti-realistischen Filmen, das geschlossene Universum des realistischen Erzählens. *Petrolio*: das ist der selbstreflexive, multiperspektivische, fragmentarisch-essayistische Roman der »offenen Form« (Umberto Eco), bei der Pasolini Zitat & Montage, Vision & filmische Szenografie einbezog oder es beabsichtigte.

Die visionäre Analytik des Literaten PPP erspekulierte sich hellsichtig, opak & imaginativ aus den ihm vorliegenden gesellschaftspolitischen Elementen der siebziger Jahre das »Tangentopoli« der politischen Klasse, das erst rund zwanzig Jahre später öffentlich entdeckt wurde. Und ist nicht auch Berlusconi mitsamt seiner »Forza Italia« vorausgeahnt (oder sogar unsere Gegenwart unterm Diktat der Banken & Investmentfonds)? Z. B., wenn Pasolini 1974 als eine mögliche politische Zukunft Italiens imaginiert: »Eine Privatgesellschaft würde sich des Staates bemächtigen (womöglich mit der grundsätzlich stillschweigenden Duldung des Staates)«? Und dergleichen würde in aller Öffentlichkeit geschehen, weil »der schleichende Faschismus« des »hedonistischen Konsumismus« (Pasolini) qua Fernsehen dafür sorgen würde. Ist die mehrfache demokratisch sanktionierte Machtübernahme Berlusconis ohne seine Konformität befördernde Medienpolitik & die Propagandamaschinerie seiner Privatsender denkbar? Und hat PPP diese televisionäre Manipulationsmacht nicht bereits in den Siebziger Jahren vorausgeahnt?

Die fortlaufende »Begleitmusik« von Pasolinis poetischer Sendung, die den jungen Lyriker von ersten friulanischen Gedichten (1942) bis zum Autor-Regisseur des postumen Films *Salò* führte, war aber, seit er 1947 KP-Mitglied geworden war, das öffentliche Gespräch, das PPP immer mit seinen wechselnden Lesepublika suchte & pflegte – bis zu den großen Anklagen, Polemiken & Verwerfungen der siebziger Jahre.

Von diesem streitbaren, journalistischen, öffentlichen Pasolini hatten wir jenseits der Alpen keine Ahnung, als man seine Leiche am 2. November 1975 grauenhaft verstümmelt, vom eigenen Auto überfahren, am Strand von Ostia fand. Seine Ermordung durch einen Strichjungen in einem öden, versteppten Gelände provozierte bei manchen die Erinnerung an den beiläufig-schockierenden Unfalltod »Accattones«

Mit dem gleichnamigen Film über Leben & Sterben des kleinen Zuhälters aus den Vorstädten Roms hatte Pasolini 1961 als Filmregisseur debütiert. Er gehörte von da an zu den bedeutendsten italienischen Filmregisseuren neben Antonioni, Fellini, Rossellini & Visconti. Seit damals waren auch alle seine großen Filme regelmäßig bei uns in den Kinos (oder auch im Fernsehen) gelaufen – etwa das *Il Vangelo* (Das Matthäus-Evangelium 1964), das »dem Andenken Papst Johannes XXIII« gewidmet war, oder die Brecht-nahe komische Parabel *Große Vögel, kleine Vögel* (1965), die auch eine Trauerarbeit für den KPI-Generalsekretär Palmiro Togliatti war. Später dann z. B. *Teorema* oder seine *Trilogie*

des Lebens, in der er deftige & zarte Erzählungen Boccaccios, Chaucers oder aus den orientalischen *1001 Nacht* verfilmt hatte und in einem selbst als der Maler Giotto auftrat.
Sein postumes Meisterwerk *Salò oder die 120 Tage von Sodom*, die filmische Analogie des Themas von *Petrolio*, wurde sogar zeitweise in der Bundesrepublik verboten. Obwohl seine beiden Borgate-Romane, in denen der Linguist die Sprache des römischen Subproletariats literaturfähig machte, (*Ragazzi di vita* & *Una Vita violenta*, 1955/59) im Kielwasser der Aufmerksamkeit für seine Filme bei uns erschienen, wenn auch folgenlos, waren aber das Bild & die Vorstellung, die wir uns von Pier Paolo Pasolini zu seinen Lebzeiten machen konnten, doch höchst fragmentarisch, verzerrt & schemenhaft.
Das lag nicht zuletzt daran, dass unser Kulturbegriff literarisch dominiert wurde, beschränkt im Wesentlichen auf das Theater & die Roman- & Erzählprosa; schon Lyrik & gar kulturpolitischer Essayismus gehörten zu seinen Randbezirken, wobei innerhalb dieser Genregrenzen auch noch die deutschsprachige Literatur, unabhängig von ihrer jeweiligen Qualität, übermächtig im Zentrum stand. Von den andern Ausdrucksmedien der Kultur – der Musik, den Bildenden Künsten & dem Film – führten so gut wie keine Vermittlungen zu der oft auch provinziellen literarischen Dominanz. Für jeden dieser Sektoren gab es zweifellos ausgewiesene Fachleute, kundige Kenner & Liebhaber; jedoch ein kritischer Austausch, eine allgemein-kulturelle Osmose fand zwischen ihnen kaum statt: weder unter Künstlern noch unter der Kritik.
Obwohl Pier Paolo Pasolini uns also durch sein filmisches Œuvre bekannt, ja fast vertraut war & einige seiner eigenwilligen Filme durchaus kontrovers bei uns debattiert wurden, blieb deren Wahrnehmung denn doch im Wesentlichen auf die deutschsprachigen Cinéasten & die Filmkritik beschränkt. Sie hat an diesen Werken das scheinbar Exzentrische oder Befremdliche ihrer Stoffe & Themen, das Skandalöse ihrer bis zum Zerreißen gespannten komplexen Poetik von Gegensätzen erkannt, kurz gesagt: das Neuartige & Andersartige, das über Fellinis barocke Opulenz, Viscontis melodramatisch-grandiose Opernhaftigkeit oder Antonionis kühlen phänomenologischen Realismus weit hinausreichte.

Aber die geistige Virulenz, das Skandalös-Häretische von Pasolinis paradoxalem, antipodisch-hybridem Denken & Leben, in dessen Umfeld seine Filme

zu lokalisieren sind, war in unseren kulturellen Debatten nicht präsent, sodass ihre politisch-philosophischen Signalements schattenhaft blieben. Allenfalls tauchte sein Name, jenseits des Feuilletons, hin & wieder in den vermischten Nachrichten auf, wenn er mit einem Film oder einer Äußerung für einen Skandal oder gar einen Prozess gesorgt hatte.
Und das geschah häufig – seit er als praktizierender Katholik eine homosexuelle Handlung einem Priester gebeichtet & dieser unter Bruch des Beichtgeheimnisses das Geständnis des kommunistischen Mittelschullehrers im friulanischen Casarsa öffentlich gemacht hatte. Der Anklage »wegen obszöner Handlungen« folgte seine Entlassung aus dem Schuldienst & noch bitterer (für den Kreissekretär): der schimpfliche Ausschluss aus der PCI. Dennoch verstand sich PPP weiterhin & bis zuletzt als »Kommunist« & »marxistischen Intellektuellen«.

Die überstürzte Flucht von Mutter & Sohn (1949) aus dem ländlichen Friaul in die städtische Anonymität nach Rom führte die beiden in extreme Armut & Isolation. Pasolini machte aber in den Armenvierteln der Vororte Roms, den Borgate, wo das Paar unterkam – auch aufgrund seiner pädophilen Neigung – prägende existenzielle Erfahrungen mit dem Subproletariat. Der knapp dreißigjährige Lyriker, der als Lehrer an einer Privatschule arbeitete, suchte noch andere finanzielle Einnahmequellen beim Rundfunk & in der Presse. Deshalb begannt er in Rom seine Tätigkeit als Kritiker & Essayist im Rundfunk & in der Printpresse, arbeitete als Drehbuchautor in der florierenden italienischen Filmbranche, bevor er als Romancier des armen, kriminellen & gewaltförmigen Lebens in den Borgate sich sowohl einen Namen als auch durch seine authentisch-dokumentarische Prosa mit *Ragazzi di vita* (1955) Skandal machte & weitere Prozesse provozierte – öffentlicher Lärm bis zu seinem Lebensende. »Wenn ich Ihnen sage, dass ich die Empfindungen eines verwundeten Tieres habe, das sich hinter der Herde herschleppt, so sage ich die Wahrheit«, klagte er einem Bekannten. »Der größte Teil des Hasses, den man mir entgegenbringt, rührt daher, dass ich anders bin. Ich spüre ihn, diesen Hass; es ist ›Rassenhass‹. Es ist der gleiche Rassismus, der sich gegen alle Minderheiten der Welt richtet«.
Ohne von seiner persönlichen Vermutung zu wissen, wurde nach seiner Ermordung dieser Gedanke auch von der linken Frauenrechtlerin Maria-Anto-

nietta Macciocchi geäußert, die ihm nachrief: »Der Hass, der Pasolini von einer ganzen Gesellschaft entgegenschlug, hat sich in der Inszenierung eines Verbrechens verdichtet: einer öffentlichen Hinrichtung.«Der enge Schriftstellerfreund Alberto Moravia pointierte: »Pelosi (der Name des Strichjungen) und die anderen waren der Arm, der Pasolini tötete, aber die Auftraggeber waren Tausende, im Grunde die ganze italienische Gesellschaft.«

Das sind bestürzende Behauptungen, die jedoch einiges für sich haben. Denn PPP hat die bürgerliche italienische Gesellschaft seiner Zeit mit seinem polemischen Temperament so gepeinigt, wie der (Sprach-)Satiriker Karl Kraus mit seiner »Fackel« einst die österreichische Presse & deren »Kulturbetrieb« – oder wie jener deutsche Philosoph, der Ende des 19. Jahrhunderts in seinen skandalösen Büchern »mit dem Hammer philosophierte«, die »Götzendämmerung« des Idealismus wie des Christentums ausrief & »die Umwertung aller Werte« verkündete.

Mit der geistigen, moralischen Radikalität Nietzsches & Kraus' teilte der rückhaltlose italienische »Freibeuter«, der seine aufreizenden »Lutherbriefe« an die Öffentlichkeit seiner Gegenwartsgesellschaft richtete & sich mit seinen vielfältigen journalistischen Interventionen noch mehr als mit seinen Gedichten, Romanen & Filmen bei allen Mächtigen und Ängstlichen unbeliebt machte, die mutige Einsamkeit eines häretischen Einzelkämpfers, der wütend & hoffnungslos gegen seine Zeit & Gesellschaft polemisierte.

Was Pier Paolo Pasolinis geistig-politische Haltung, die »immer radikal, aber niemals konsequent« (Walter Benjamin) war, jedoch solitär machte, waren die vielen Paradoxien & »Unvereinbarkeiten« seiner Thesen & Urteile, mit denen er sich quer zu den politischen Lagern positionierte. So verteidigte er die jungen (aus dem Proletariat stammenden) Polizisten gegen die revoltierende bürgerliche Jugend 1968, erklärte sich für das Fortbestehen des Abtreibungsverbots, obwohl die Linke gerade den »Sieg über die Reaktion« feierte, nachdem die säkulare italienische Mehrheit in einem Referendum das klerikal unterstützte Abtreibungsverbot annulliert hatte & träumte dann auch noch (vergeblich, versteht sich) von einer aller Macht & allem Prunk entsagenden katholischen Kirche, die er als Verbündete im gesellschaftspolitischen Kampf gegen den alles entsakralisierenden Neokapitalismus sich erhoffte. »Ohne Gemeinsinn, ohne konkreten Bezug gibt es keine Rationalität«, behauptete der Auf-

klärer Pasolini. Denn »ohne beides ist Rationalität bloßer Fanatismus« (& keine ethisch-moralisch wünschenswerte Haltung, füge ich hinzu).
Pasolini glaubte »nicht an die Göttlichkeit Jesu«, behauptete jedoch, dass seine »Weltsicht eine verstümmelt religiöse« (sei). Obwohl einerseits rationalistischer Aufklärer, akzeptierte der Poet andererseits das Irrationale in seinem Leben, Denken & Empfinden. Seinem »Marxismus« fehlte der positive Akzent, den der hegelianische Dialektiker Karl Marx auf die »revolutionäre Rolle der Bourgeoisie« in der Weltgeschichte gesetzt hatte: »Die Bourgeoisie, wo sie zur Herrschaft gekommen, hat alle feudalen, patriarchalischen, idyllischen Verhältnisse zerstört. Sie hat die buntscheckigen Feudalbande, die den Menschen an seinen natürlichen Vorgesetzten knüpften, unbarmherzig zerrissen und kein anderes Band zwischen Mensch und Mensch übrig gelassen als das nackte Interesse, als die gefühllose ›bare Zahlung‹. Sie hat die heiligen Schauer der frommen Schwärmerei, der ritterlichen Begeisterung, der spießbürgerlichen Wehmut in dem eiskalten Wasser egoistischer Berechnung ertränkt. Sie hat die persönliche Würde in den Tauschwert aufgelöst und an die Stelle der zahllosen verbrieften und wohlerworbenen Freiheiten die eine gewissenlose Handelsfreiheit gesetzt. Sie hat, mit einem Wort, an die Stelle der mit religiösen und politischen Illusionen verhüllten Ausbeutung die offene, unverschämte, direkte, dürre Ausbeutung gesetzt. Die Bourgeoisie hat alle bisher ehrwürdigen und mit frommer Scheu betrachteten Tätigkeiten ihres Heiligenscheins entkleidet.«
Was für Karl Marx eine unumkehrbar »radikale Entzauberung« (Max Weber) der bestehenden menschlichen Gesellschaft durch die bürgerliche Ökonomie bedeutete – deren Entfremdung & Inhumanität erst durch die »proletarische Revolution« aufgehoben werden könnte –, war in den Augen Pasolinis, der Zeuge der Industrialisierung des agrarischen Italiens wurde, auf allen Ebenen – Sprache, Kultur, Lebensweisen – ein katastrophaler Weg in die Homogenisierung & Konformität einer »neuen Massenkultur«. Von dieser »kulturellen Gleichschaltung« seien »alle betroffen: Volk und Bourgeoisie, Arbeiter und Subproletarier«, prognostizierte der Apokalyptiker, der sich nicht scheute, sowohl von einem Genozid des »Subproletariats« als auch von einer kulturellen »Mutation« der italienischen Gesellschaft zu sprechen.

Wenn der österreichische Satiriker, Lyriker & Polemiker Karl Kraus als seine grundlegende geistige Intention behauptete: »Ursprung ist das Ziel«, so erklärte der Lyriker Pasolini (1962): *»Ich bin eine Macht aus vergangenen Zeiten. / Nur in der Tradition liegt meine Liebe. / Ich komme von den Ruinen, von den Flügelaltären, / den Kirchen, / von den verlassenen Dörfern des Apennin und den Vorgebirgen der Alpen, / wo die Brüder einst lebten. / Wie ein Narr irre ich über die Tuscolana, / die Via Appia, wie ein Hund ohne Herr. / Oder ich schaue die Dämmerungen, die Morgen / über Rom, über der Ciociaria, über der Welt, / wie die ersten Szenen der Nachgeschichte, / deren Zeuge ich bin, dank dem Datum meiner Geburt, / vom äußersten Rand einer Zeit, / die begraben ist. Ein Monster ist, wer aus dem Leib / einer toten Mutter geboren. / Und ich, erwachsener Fötus, irre, / ein Modernerer als die Modernsten, / um Brüder zu suchen, die nicht mehr sind.«*

Thomas Schmid, als Chefredakteur der deutschen Zeitschrift »Der Freibeuter« (1979/99), hat die Utopie ihres Namenspatrons im treffenden Paradox summiert, wonach Pasolini für eine vergangene Zukunft gekämpft habe. In diesem Paradox drängte sich die Grundstruktur von Pasolinis kinematographischer Poesie der Polarisierung zusammen, wenn er z. B. etwa für die »Barbarin« Medea, die ihre Kinder umbringt, gegen den »vernünftigen« Jason, diesen griechischen Imperialisten und »Dritte-Welt«-Eroberer, entschieden Partei ergreift. Es ist auch der Grundtenor seiner immer alarmistischer formulierten publizistischen Einsprüche gegen das zeitgenössische Italien.

Schon Pasolinis Entscheidung, Jesus zum zornigen Aufrührer der Bauern, Fischer & Tagelöhner zu erklären & sein *Il Vangelo* (1964) nicht in Palästina, sondern überwiegend im ärmsten Landstrich des Mezzogiorno, in Lukanien, mit den dortigen Einwohnern zu drehen, war eine frühe Hinwendung zum »bäuerlichen Universum«, dessen »Kultur der Armut und des Brotes« (Pasolini) erst rund 15 Jahre später von den Brüdern Taviani in *Padre Padrone*, von Ermanno Olmi im *Holzschuhbaum* oder von Francesco Rosi mit *Eboli* nachvollzogen worden ist.

1973 schreibt Pasolini über ein staatliches Krisenprogramm: »Heute, wo die *austerity* über uns zusammenschlägt, wird viel darüber gejammert, es fehle außerhalb der ›bösen‹ Stadtzentren, in den ›guten‹ Peripheriegebieten (den Schlafsilos ohne Grün, ohne Infrastruktur, ohne Autonomie, ohne letzten Rest an menschlichen Beziehungen), an organisiertem sozialen und kulturellem Leben. Rhetorisches Gejammer. Denn gäbe es das, so wäre es jedenfalls vom Zentrum her organisiert. Von genau jenem Zentrum also, das innerhalb weniger Jahre sämtliche peripheren Kulturen zerstört hat, die dort – selbst in den ärmsten Vierteln und Elendsquartieren – bis vor kurzem noch sein eigenständiges und im Allgemeinen auch unabhängiges Leben garantiert hatten.«

Die phänomenologische Stimmigkeit von Pasolinis Wahrnehmungen & die Triftigkeit seiner eng verzahnten ökonomischen, sozialen & sogar anthropologischen Einsichten in den italienischen Alltag sind von einem deutschen Italienreisenden jener Jahre bestätigt worden. Der Dichter & Erzähler Rolf Dieter Brinkmann, der sich als »Villa Massimo«-Stipendiat zu den Zeiten von Pasolinis großen Polemiken in Rom & dessen ländlicher Umgebung aufhielt & gewiss gar nichts von Pasolinis publizistischen Interventionen mitbekommen hat – er sprach & verstand kein Italienisch –, hat in zahllosen minutiösen Beobachtungen das Alltags-Italien seiner Zeit in seinem Riesen-Montage-Monolog *Rom, Blicke* fixiert. Das Buch erschien erst 1979 posthum.

»Kein faschistischer Zentralismus«, behauptet Pasolini, »hat das geschafft, was der Zentralismus der Konsumgesellschaft geschafft hat. Der Faschismus propagierte ein reaktionäres und monumentales Modell, das sich jedoch nie real durchzusetzen vermochte. Die verschiedenen Sonderkulturen (die der Bauern, der Subproletarier, der Arbeiter) richteten sich vielmehr nach ihren überlieferten Modellen. Die Repression ging nur so weit, wie es zur Sicherung des verbalen Konsenses erforderlich war. Heute dagegen ist der vom Zentrum geforderte Konsens zu den herrschenden Modellen bedingungslos und total. Die alten kulturellen Modelle werden verleugnet. Die Menschen haben nichts mehr damit zu tun. (…) Wie war es nur möglich, dass sich eine solche Repression durchsetzen konnte? Durch zwei Revolutionen: die Revolution der Infrastrukturen und die Revolution im Informationswesen. Die Straßen, die Motorisierung haben die Peripherie heute bereits eng ans Zentrum gebunden und jede wirkliche Distanz aufgehoben. (…) Mit Hilfe des Fernsehens hat das Zentrum den gesamten Rest des Landes seinem Bilde angeglichen, eines Landes immerhin, das unerhört mannigfaltig in seinen Geschichtsabläufen und reich an originären Kulturen war. Ein Prozess der Nivellierung wurde eingeleitet, der alles Authentische und Besondere vernichtete. Das Zentrum erhob seine Modelle zur Norm; und diese Norm ist nichts anderes als die der modernen Industrialisierung, die sich nicht mehr damit zufriedengibt, dass der Konsument konsumiert, sondern mit dem Anspruch auftritt, es dürfe keine andere Ideologie als die des Konsums geben. Ein neosäkularer Hedonismus, der ahnungslos sämtliche humanistischen Werte vergessen hat und ahnungslos jeder humanen Wissenschaft entfremdet ist.«

Das sind Kernsätze von Pasolinis Gegenwartsverwerfung. Von hier aus kommt er zur Kritik »eines Fortschritts ohne Entwicklung«, einer vorauseilenden Unterwerfung der Zukunft unter das Diktat des Konsumismus, der – permissiv & hedonistisch – zuerst die bäuerliche & proletarische Kultur, dann die kulturelle, regionale & sprachliche Vielfalt & Lebendigkeit des Alltagslebens vernichte, sodass z. B. die subproletarischen Straßenjungen der römischen Vorstädte, deren Dialekte der Linguist in seinen Romanen aufgezeichnet hatte, bereits zehn Jahre später ihn nicht mehr verstünden. Aber dieser unaufhaltsame Prozess der Uniformierung im lückenlosen Konsum, prognostizierte & prophezeite PPP, werde sowohl die Kommunisten als auch die Kirche in seinen Strudel reißen. Schon seien die politisch kontroversesten Menschen äußerlich – in ihrer Kleidung, Körperhaltung, Frisur, Gestik & Sprechweise – nicht mehr voneinander zu unterscheiden & neben der »Verknöcherung des Sprachverhaltens« sei die Traurigkeit eines der Hauptmerkmale dieser Gleichförmigkeit in den Lebensäußerungen der Jungen: »Was sich fröhlich gibt, ist stets übertrieben, zur Schau getragen, aggressiv, verletzend.«

Pasolinis permanente Revolte – auch deren bewusste öffentliche Inszenierung – beginnt für ihn schon im ödipalen Konflikt, in dem der Sohn sich gegen den bürgerlichen Vater, einen Militär, auf die Seite der Mutter stellt. In seinem »analogischen Denken« bedeutet symbolisch der Vater: Rationalität, Gewalt, »Vaterland«; während die Mutter, die aus bäuerlichen Verhältnissen stammte, die Irrationalität, die Tradition & Poesie von Armut & Unschuld verkörperte: das agrarisch-religiöse »Mutterland«.

(Ich gebrauche diese Begriffe, um der Polarität symbolischen Ausdruck zu geben, PPP hat meines Wissens diese unterschiedlichen Konnotierungen nicht benutzt.) Aus der Spannung dieser beiden Pole entwickelte sich Leben & Werk des Poeten & Pädagogen.

Die eigene homosexuelle Veranlagung konnte er nur auf seinen nächtlichen »Jagden«, auf dem Strich (wie er es dem Freund Moravia gestand) am Römi-

schen Tiber-Ufer, in Ostia oder auf seinen Reisen nach Afrika & Asien ausleben: im Geheimen. Diese stetige Erfahrung des Klandestinen, Peripheren verdichtet sich ihm zum Pathos des »anderen«, der einer prekären, bedrohten Minorität angehört – nachdem er sich in Rom entschlossen hatte, »dass ich weder jetzt noch in Zukunft Schamgefühle haben werde, wenn ich von mir spreche. Ich werde mich sogar öffentlich an den Pranger stellen müssen, weil ich einfach niemand mehr belügen will. (…) Schluss mit den Halbwahrheiten, man muss sich dem Skandal stellen!« Das hat er getan. Sein »mea res agitur« war mehr als Sartre'sches »Engagement« oder schneidende intellektuelle Enzensbergerische Ironie oder Kritik. Es war für Pier Paolo Pasolini immer zugleich auch »Körperpolitik« in dem Sinne, dass sich da ein Intellektueller nicht nur mit seiner Intelligenz & seinem Wissen, sondern mit seinem (sexuellen) Körper, buchstäblich mit Haut & Haar, in die Arena des öffentlichen Kampfs begab & als konkreter Mensch exponierte – wie jener »brutal widersprüchliche« Jesus im aufrührerischen *Il Vangelo*-Film, von dem Pasolini bekannte, dass »die Christusfigur ganz von mir kommt«.
Der »durch Palästina streifende Christus ist ein revolutionärer Wirbelwind, manchmal ist er nicht nur rätselhaft, sondern macht einen fast verlegen« (Pasolini) – ganz so wie der durch den italienischen Blätterwald mit aufwirbelndem Furor streifende PPP es ihm auf seine Art als »Freibeuter« nachgemacht hat.
Was Pier Paolo Pasolini in den sechziger & siebziger Jahren des vergangenen Jahrhunderts aus vielen Chiffren des alltäglichen Lebens oder aus politischen Optionen (wie dem von ihm heftig kritisierten Votum der Linken für die Entkriminalisierung der Abtreibung) als gesellschaftliche Tendenzkunde entzifferte; das Ungewöhnliche, ja Skandalöse seiner Fragen & Fragestellungen & das scheinbar Wider-Sinnige seiner Antworten oder Schlussfolgerungen; schließlich das Monströse seiner apokalyptischen Vision eines totalen, unwiderruflichen Scheiterns, das er am bestürzendsten in seinem letzten Film »Salò oder die 100 Tage von Sodom« ästhetisch formuliert hat: das alles, samt seinen inhärenten Widersprüchen, seinen Grell- & auch Schiefheiten ist uns heute nahe auf den Leib gerückt.
Der so vieles in statu nascendi erkannte & als gesamtgesellschaftliche Entwicklung vorausahnte, hat jedoch sich nicht albträumen lassen, dass die technologische Entwicklung zu einem Medium führen könnte, das alltäglich & allgewaltig das Versprechen kommunikativer Individualität mit der Möglichkeit subtilster kollektiver Kontrolle bzw. Manipulation verbinden würde – & alle zu seinen Konsumenten machen würde.

Auch lag der folgenreiche Untergang des »Kommunismus« (als »real existierender Sozialismus« wie als utopisches Modell) & der triumphale allumfassende Aufstieg des »Konsumismus« als neoliberale »Religion« & als alltägliches »Regime« jenseits seines politischen Horizonts. Ebenso eine »Festung Europa«, die sich sowohl gegen eine risikobereite Völkerwanderung aus Afrika & Asien wie auch gegen eine fundamentalislamische Ideologie abzusichern versucht & dabei die letzten Reste ihres humanistischen Erbes aufzehrt.

Zu diesem Erbe gehörte, auch einmal der Begriff & die Rolle des Schriftstellers in der Gesellschaft. Pier Paolo Pasolini hat ihn uns noch einmal mit der Würde des Poeten & der Bürde des ganz auf eigene Gefahr & Verantwortung öffentlich handelnden Intellektuellen vor Augen gestellt. Es mag sein, dass er die Hallwirkung seines individuellen Widerspruchs überschätzte & dabei manchmal eine lächerliche Figur machte – als Narr in Christo und Marx, als »seltsames Tier im Zoo«, wie er selbst sich einmal sah. Und es war wohl so, dass das »Volk«, respektive das »Subproletariat«, für dessen Würde der Existenz er lange gesprochen hatte, doch den bürgerlichen Hedonismus suchte & dem Konformismus zustrebte, um der Armut & dem Elend endlich zu entkommen – wohin auch immer.
Man mag Pasolinis existenziellem, intellektuellem Programm sogar einen gewissen Narzissmus oder eine pathetisch-theatralische Märtyrerhaltung, ja eine egozentrische Manie unterstellen; auch besitzt das Vabanquespiel mit der eigenen Person gewiss sowohl selbstgenießerische wie masochistische Züge eines erwählten Entzückens an der Qual, sich der öffentlichen Schutzlosigkeit oder Geißelung auszusetzen; aber diese körperpolitische Passion drückt sowohl sinnlich als auch symbolisch jene offene, radikal gegenwartsbezogene & subjektive intellektuelle Haltung aus, die Pier Paolo Pasolini so einzigartig macht. Und im Zweifelsfall hat er sich eher für die leidenschaftliche, individuelle, momentane publizistische Einmischung entschieden als für die künstlerische Sublimation in abgeschlossenen, »für die Ewigkeit« gedachten Werken. Pier Paolo Pasolinis ethisch-intellektuelles »Vermächtnis« könnten jene Worte am Ende einer Rede sein, die er wenige Stunden vor seinem gewaltsamen Tod geschrieben & nicht mehr gehalten hat: »Vergesst unverzüglich die großen Siege und fahrt fort, unerschütterlich, hartnäckig, ewig in Opposition, zu fordern: fahrt fort, euch mit dem Andersartigen zu identifizieren, Skandal zu machen, zu lästern!«

AFRIKA, LETZTE HOFFNUNG

»Nun liegen seine brillant übersetzten Gedichte und dramatischen Entwürfe vor. Zwischen den Texten bieten die Fotografien elegische Einblicke in das ländlich-traditionelle Afrika.«

DIE ZEIT

Mit Fotografien von Didier Ruef.
Herausgegeben von Peter Kammerer. Aus dem Italienischen von Annette Kopetzki und Dorothea Dieckmann.
Hardcover mit Schutzumschlag, Fadenheftung,
128 Seiten, Format 17×24 cm, Druck in Duotone.
ISBN 978-3-86260-032-8

INDIEN

Pasolini bereiste Indien 1960 und bestaunte das Land, seine Menschen, die irritierenden Riten, Religionen und Kulturen. Andreas Altmann, einer der bekanntesten Reiseschriftsteller, ist 50 Jahre später auf Pasolinis Spuren im heutigen Indien: zwei ungewöhnliche Autoren - ein außerordentliches Buch.

CORSO 29: Mit vielen farbigen Fotos von Isabela Pacini.
Aus dem Italienischen von Toni Kienlechner.
Hardcover mit Schutzumschlag, Fadenheftung,
128 Seiten, Format 17×24 cm.
ISBN 978-3-7374-0702-1

CORSO

Herausgegeben von
Rainer Groothuis

CORSO 43
Pier Paolo Pasolini
Die lange Straße aus Sand – Italien zwischen Armut und Dolce Vita

Dieses Reistetagebuch erschien erstmalig unter dem Titel *La lunga strada di sabbia* im Jahr 1959 in drei Teilen der Illustrierten *Successo*.

3. Auflage 2023

Römerweg 10, D-65187 Wiesbaden
www.verlagshausroemerweg.de

Bildnachweis:
© für S. 98, 101: Ullstein Bilderdienst
© für alle übrigen Abbildungen: akg-images
Karte S. 4: Anne Strasser

Gestaltung:
Groothuis. Gesellschaft der Ideen und Passionen mbH, Hamburg | groothuis.de und annestrasser.de
Gesetzt aus der Fairfield und Frutiger Next
Lithografie: edelweiß publish, Hamburg
Gesamtherstellung: CPI books, Ulm
Printed in Germany.
ISBN 978-3-7374-0718-2